Dr Tran Tuan Anh

CHEMINEMENT VERS L'ÉVEIL

Collection « Quotidien transcendant »

ILLUSTRATIO

Copyright © 2021 Dr TRAN Tuan Anh
Tous droits réservés.
ISBN : 978-2-9566241-2-4
ISBN-13 : 9782956624134

*À mes Maîtres
qui m'ont montré
le chemin de la délivrance de l'esprit*

*À Hiền-Mai, Huy et Hoàng
avec mon amour et mon affection*

*À ma grande famille
pour leur soutien et leur bienveillance*

*À mes amis d'enfance du Vietnam
pour leur amitié qui traverse les années*

*À mes amis de chaque instant de vie
pour leur partage intellectuel et spirituel*

*À ma femme Hiền-Anh
la Rose du Petit Prince*

*À Thiên-Anh Florine
qui n'a pas encore trois ans
à la sortie de ce livre*

TABLE DES MATIÈRES

PRÉFACE 11
1. VIEILLE MAISON À RESTAURER 13
2. LA SOUFFRANCE EST INHÉRENTE
   À LA CONDITION HUMAINE 20
3. PAUSE MÉNAGE 22
4. LE LABYRINTHE 24
5. « LE PETIT PRINCE » DE ST EXUPERY 26
6. LE POUVOIR DE L'INNOCENCE 29
7. NOUS SOMMES LES CRÉATEURS
   DE NOTRE MONDE 32
8. NOS VERITABLES MAITRES 34
9. À CHACUN SON ATTACHEMENT 37
10. « L'ALLUMEUR DE RÉVERBÈRE »,
    L'ARCHETYPE DU BOIS YANG 40
11. L'HYPERSENSIBILITÉ ÉMOTIONNELLE :
    COMPRENDRE LES MÉCANISMES ÉNERGÉTIQUES
    SOUS-JACENTS. 43
12. SE SUFFIRE À SOI-MÊME 47
13. LE DILEMME DU HÉRISSON 50

14.	TRANSFORMONS NOTRE POUBELLE EN COMPOSTEUR	52
15.	L'INCROYABLE HULK	56
16.	RIEN NI PERSONNE NE POURRA NOUS RENDRE HEUREUX	59
17.	LORSQUE TOUTES LES CONDITIONS SONT RÉUNIES	62
18.	DÉCONDITIONNEMENT	65
19.	RÉVERSIBILITÉ	68
20.	VÉLO À 4 ROUES	70
21.	DR JEKYLL & MR HYDE	72
22.	TUER : LE MAL ABSOLU ?	74
23.	NI BIEN, NI MAL	76
24.	L'USURPATEUR DE L'AMOUR	79
25.	LE « DÉTACHEMENT » N'EST PAS LE REMÈDE À « L'ATTACHEMENT »	81
26.	LE FAUX-VRAI ET LE VRAI-FAUX PERE NOËL	84
27.	LA BONNE MÉDECINE DOUCE	86
28.	SOURIEZ AU MOINS UNE FOIS PAR HEURE !	89
29.	MÉDITATION : NE CHERCHEZ PAS LE BIEN-ÊTRE À TOUT PRIX !	91
30.	L'INFINI COMPLEXITÉ DE LA CAUSALITÉ	94
31.	TOUT EN UN	98
32.	L'IMPORTANCE DU « POINT ZÉRO »	101

33.	AUTOUR DES FEUILLES DE MAÏS	104
34.	UN MONDE AMICAL...	106
35.	QUE CHERCHONS-NOUS ?	111
36.	UN TEMPS POUR CHAQUE PAS	114
37.	BARRIÈRE SANS PORTE...	116
38.	LE VIDE ET LE PLEIN, LE VISIBLE ET L'INVISIBLE (1)	118
39.	LE VIDE ET LE PLEIN, LE VISIBLE ET L'INVISIBLE (2)	121
40.	LE VIDE ET LE PLEIN, LE VISIBLE ET L'INVISIBLE (3)	124
41.	LA PENSÉE GUIDE L'ÉNERGIE................................	127
42.	L'HARMONIE INTÉRIEURE	130
43.	EN SOMME, QU'EST-CE-QUE NOTRE VIE ?	133
44.	COMME UNE FLEUR SUR L'EAU	134
45.	PARTIR LOIN DE TOUT	137
46.	TOUT PRÉVOIR	140
47.	DURÉE ET PLAN DE VOL	142
48.	NE SEMONS PAS LA PEUR	144
49.	VIRUS RÉVÉLATEUR	146
50.	RETOUR À LA SOURCE INTÉRIEURE	149
51.	LE MIRABELLIER EN FLEUR	151
52.	IL EST LIBRE, MAX...	153

53.	APPRIVOISER LA VIE	157
54.	L'ÉVEIL DE LA CONSCIENCE	161
55.	IL N'Y A QUE DU MEILLEUR	164
56.	LE MONDE PREND LA COULEUR DE VOS EMOTIONS	166
57.	L'ÉNERGIE DE L'AUTOMNE	168
58.	DEUX SIMPLES INDICES	171
59.	L'ESPRIT ZEN N'EST PAS COMPLIQUÉ	174
60.	UNE MERVEILLEUSE ILLUSION	176
61.	STATUE DE SEL	178
62.	LE REGARD DES AUTRES	180
63.	LA SALADE « TCHING TCHONG »	183
64.	C'EST NOUS LES MÉCHANTS	187
65.	LES PETITES ATTITUDES AIMANTES	189
66.	TONGLEN	192
67.	LE CHANT DU COQ	195
68.	APPELLE-MOI PAR MES VRAIS NOMS	197
69.	VOIR L'INVISIBLE	201
70.	L'ESPRIT (LE CŒUR) VIDE	204
71.	LE BOUDDHA AU NEZ NOIR	207
72.	UN VRAI DON, UNE VRAIE AIDE	209
73.	LA CINQUIÈME DIMENSION	212
74.	RESPIRE ET REVIENS À LA MAISON	215

75.	AH BON ?	217
76.	S'ÉLEVER	220
77.	LES VENTS DE LA VIE	222
78.	ALIMENTAIRE, MON CHER WATSON !	225
79.	DEUX JOURS PARTICULIERS	228
80.	UNE POIGNÉE DE SEL	230
81.	RECUEILLEMENT DU SOIR	233
82.	HOSTILITÉ	235
83.	FENÊTRES DE L'ÂME	238
84.	LÂCHER PRISE	241
85.	L'ESPRIT ORDINAIRE	244
86.	JALOUSIE	247
87.	PRIMUM NON NOCERE	249
88.	LA DIMENSION SACRÉE DE NOS PAROLES	252
89.	CUEILLE L'INSTANT PRÉSENT	255
90.	LE RIRE, LE SOURIRE ET LE FOU RIRE	257
91.	MOURIR, C'EST JUSTE RETOURNER CHEZ SOI	260
92.	UNE DES PIRES ÉPREUVES	263
93.	DE CAUSES À EFFETS	266
94.	POURQUOI TANT DE HAINES ?	269
95.	RÉSOLUTIONS	272
96.	QU'EST-CE QU'UN PIMENT ?	274
97.	ILLUMINATION	276

98.	LE DIEU DE SPINOZA	279
99.	COMPLIQUÉ MAIS SIMPLE ET VICE VERSA	284
100.	L'ULTIME VÉRITÉ	287
101.	DESCENTE AUX ENFERS	289
102.	C'ÉTAIT MIEUX AVANT !	292
103.	LA BONNE QUESTION À SE POSER	295
104.	ÉQUILIBRE	298
105.	PATIENCE INFINIE	301
106.	LETTRE À MA FILLE	305
	AVANT LE DÉPART	308

Tous mes remerciements

À Jean-Paul Veber
pour son aide à la relecture du livre

À Bernadette Grégoire et Benoît Piette
pour leurs corrections et leurs précieux conseils

À Phương Hồng et Bảo Nghi
pour leur aide à la mise en page du livre et
à la création de la couverture

PRÉFACE

Souvent, lors de moments de souffrance, nous avons tendance à attribuer la faute aux circonstances ou à notre entourage, en négligeant notre propre responsabilité. En réalité, nos choix de vie, nos paroles, nos comportements et nos actions ont toujours des conséquences, qu'elles soient positives ou négatives.

Notre esprit est constamment agité, tel une marionnette soumise à la volonté de son manipulateur, notre ego. Il agit comme un enfant aux multiples besoins insatisfaits, rempli de ressentiments envers le monde qui l'entoure. Celui-ci nous expose à diverses situations qui excitent en permanence notre esprit : danger, conspiration, manipulation, suspicion, trahison, manque de respect, discrimination, jalousie, injustice, regret du passé, angoisse du futur, etc. Ces pensées récurrentes reflètent une blessure profonde de notre « Moi » et agissent comme un poison qui se diffuse dans notre esprit. Avec le temps, elles éliminent la sympathie, la gentillesse, l'altruisme, la confiance et l'optimisme, tout en ajoutant la méfiance, le pessimisme voire la haine, nous conduisant directement à la souffrance psychique, voire psychosomatique.

Pour dissoudre l'ego et surmonter la souffrance, il est essentiel de revenir vers notre enfant intérieur et d'accepter de faire face à nous-mêmes. Le chemin vers l'éveil, bien qu'il soit long et difficile, commence toujours par un premier pas et s'accomplit avec sincérité et persévérance.

Lorsque le printemps arrivera, l'herbe poussera d'elle-même. La vérité est juste ainsi.

Hiver 2020

1. VIEILLE MAISON À RESTAURER

Notre esprit est semblable à notre maison. Avec le temps, elle devient le gardien de nos souvenirs, qu'ils soient bons ou mauvais.

À l'âge de vingt ans, bien que nous soyons au sommet de notre jeunesse, notre « maison-esprit » n'est plus aussi neuve. Au fil des années, elle a subi plusieurs dommages venant de l'extérieur, tels que les tempêtes, les grêlons qui endommagent ses tuiles, la neige qui pèse sur son toit, la sécheresse qui fissure ses murs, voire des tremblements de terre qui détruisent ses fondations. Elle pourrait également être attaquée de l'intérieur, par des termites qui rongent sa charpente ou la mérule pleureuse, un champignon qui détruit toute sa boiserie. Certaines maisons menacent déjà de s'effondrer.

En consultation, je rencontre souvent des patients en souffrance depuis quarante, cinquante ans, voire plus. Leur maison n'a jamais été entretenue. Ils se contentaient de dissimuler ses défauts avec des faux plafonds, de poser de nouveaux papiers peints ou de faire de temps en temps un ravalement de façade, pour se tromper eux-mêmes ou essayer de survivre dans cette ruine dégradante.

Imaginons-nous dans la situation d'une personne venant d'acheter une (très ?) vieille maison pour y habiter. Que ferions-nous en premier ? Nous commencions par vider la maison de tous ses encombrants, recouverts de poussière depuis des années. Ensuite, nous la rendrions sûre et vivable : réparer le toit en remplaçant les tuiles cassées, changer la charpente abîmée, consolider les endroits fragiles... Tous ces travaux nous coûteraient cher, en temps et en énergie. Ils sont pourtant nécessaires si nous voulons vivre heureux le reste de notre vie.

Je suis quasiment certain que nous ferions cela pour notre maison, mais qu'en est-il de notre esprit ? Quand déciderons-nous de commencer les travaux de restauration, sachant qu'il nous faudra des années d'efforts, voire des décennies, pour y arriver ?

Notre esprit n'est pas simplement une maison. Il représente pour chacun de nous un monument historique, nécessitant une restauration urgente. Parfois, les dégâts sont si importants qu'il est difficile de savoir par où commencer les travaux.

La priorité est d'être bien dans l'instant présent, ici et maintenant, en ramenant l'esprit vers l'activité essentielle de la vie : la respiration. En conséquence, le corps se détendra également après un certain temps. Ensuite, il faut préparer l'esprit à revenir vers notre enfant intérieur pour le chérir et le soigner, en laissant les histoires, les conflits... avec les autres en dehors de ses pensées.

La compréhension de nos propres besoins et la reconnaissance de notre responsabilité dans notre propre souffrance marquent le début du processus d'auto-réparation. Ce dernier comprend deux phases : un diagnostic correct et un traitement quotidien.

Le diagnostic consiste à identifier l'émotion dominante en nous depuis l'enfance (colère, attachement aux plaisirs, anxiété, tristesse, peur), son masque défensif (le « faux-plafond » qui dissimule nos souffrances) et le type d'attachement de notre esprit (attachement à l'hypercontrôle, aux plaisirs, aux besoins d'autrui, à la tranquillité ou à l'ego).

Le traitement comprend deux phases :

• La phase superficielle vise à apaiser le mental : relaxation, sophrologie, hypnose, méditation, etc.

• La phase profonde vise à réparer l'esprit : éveil à la spiritualité, "vider la poubelle mentale" en s'entraînant au lâcher-prise, à l'acceptation de notre condition, pratique de la compassion dans les pensées, les paroles, les actions et vivre dans la pleine conscience : reconnaître l'instant où l'émotion commence à émerger pour la lâcher immédiatement, reconnaître la part de l'ego dans chaque conflit qui nous implique et le dissoudre.

Nous aborderons ces points dans cet ouvrage à travers différentes réflexions qui éclaireront le sujet sous plusieurs angles.

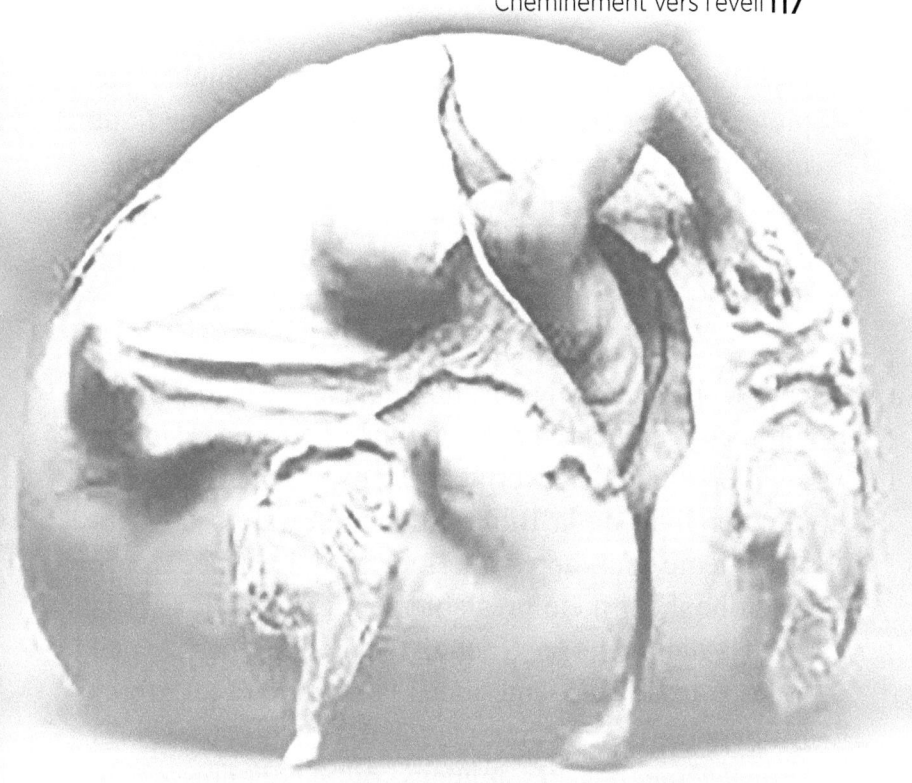

2. LA SOUFFRANCE EST INHÉRENTE À LA CONDITION HUMAINE

Il était une fois un roi qui, se sentant vieillir et fatiguer, demanda à son savant premier ministre d'envoyer des érudits aux quatre coins du monde pour consigner toutes leurs observations dans une encyclopédie. Ainsi, il pourrait connaître les histoires de l'humanité sans quitter le palais. Les mois

6. LE POUVOIR DE L'INNOCENCE

« Le Petit Prince » de Saint-Exupéry commence avec une histoire de son enfance, dans laquelle l'auteur montrait aux « grandes personnes » l'image du boa « fermé » avalant un éléphant.

Étant donné que ces derniers ne voyaient qu'un chapeau, il était obligé de refaire un autre dessin avec un boa « ouvert » montrant l'éléphant à l'intérieur. À l'âge adulte, il utilisait cette image comme un test: « Quand j'en rencontrais une [grande personne] qui me paraissait un peu lucide, je faisais l'expérience sur elle de mon dessin numéro 1 que j'ai toujours conservé. Je voulais savoir si elle était vraiment compréhensive. Mais toujours elle me répondait: « C'est un chapeau. » Alors je ne lui parlais ni de serpents boas, ni de forêts vierges, ni d'étoiles. Je me mettais à sa portée. Je lui parlais de bridge, de golf, de politique et de cravates. Et la grande personne était bien contente de connaître passèrent, mais l'encyclopédie ne fut toujours pas prête, et le roi vieillissait de jour en jour. Sur son lit de mort, il demanda à son premier ministre de lui résumer tous les tomes en une seule phrase.

Alors, ce dernier s'approcha de son oreille et lui murmura : « L'humanité souffre, Votre Majesté ! »

Dans mon enfance, j'ai reçu une éducation chrétienne qui peignait un tableau beaucoup plus lumineux et heureux du monde. En effet, dans la création du monde décrite par le livre de la Genèse, le premier livre de la Bible, l'homme arrive seulement au sixième jour, après que tout ce qui est nécessaire à son bonheur a été préalablement créé : le jour et la nuit (la lumière et les ténèbres) le premier jour ; le ciel et les eaux le deuxième jour ; la verdure et les arbres fruitiers le troisième jour ; le soleil, la lune et les étoiles le quatrième jour ; les animaux, oiseaux et poissons le cinquième jour ; et enfin l'homme le sixième jour pour jouir de toutes ces créations.

Genèse 1.27 : Puis Dieu dit : « Faisons l'homme à notre image, selon notre ressemblance, et qu'il domine sur les poissons de la mer, sur les oiseaux du ciel, sur le bétail, sur toute la terre, et sur tous les reptiles qui rampent sur la terre ». Dieu créa l'homme à son image, il le créa à l'image de Dieu, il créa l'homme et la femme. Dieu les bénit, et Dieu leur dit : « Soyez féconds, multipliez, remplissez la terre, et l'assujettissez ; et dominez sur les poissons de la mer, sur les oiseaux du ciel, et sur tout animal qui se meut sur la terre. » Et Dieu dit : « Voici, je vous donne toute herbe portant de la semence et qui est à la surface de toute la terre, et tout arbre ayant en lui du fruit d'arbre et portant de la semence : ce sera votre nourriture. Et à tout animal de la terre, à tout oiseau du ciel, et à tout ce qui se meut sur la terre, ayant en soi un souffle de vie, je donne toute herbe verte pour nourriture. » Et cela fut ainsi. Dieu vit tout ce qu'il avait fait et voici, cela était très bon. »

Ainsi, l'homme est créé pour être heureux, car il est protégé et choyé par la puissance divine : « Le Seigneur est mon berger, rien ne saurait me manquer (Psaume 22) ».

Partant de ce principe, la souffrance semble être une «anomalie » de la vie humaine. Longtemps considérée comme une conséquence des péchés, elle est devenue, depuis la mort rédemptrice du Christ, une épreuve pour tester la solidité de la foi en l'amour divin.

Dans l'article « Souffrir a-t-il un sens ? » paru dans le journal La Croix le 11/06/2014[1], le père jésuite Maurice Bellet a écrit : « chez les chrétiens, on retrouve le thème de la souffrance rédemptrice, l'identification aux souffrances du Sauveur, porter sa croix, etc. Ce langage-là peut aller jusqu'à se réjouir de la souffrance, à y voir le signe d'une prédilection divine - puisque Dieu a conduit son Fils jusqu'à la croix. « Il faut que Dieu vous aime beaucoup pour qu'il vous éprouve autant ». On dira que c'est ouvrir une perspective plutôt

---

1 *https://croire.la-croix.com/Definitions/Lexique/Souf-france/Souffrir-a-t-il-un-sens*

rude, puisque la foi, au lieu d'être immédiatement consolation, peut devenir lieu d'épreuve. Mais qui a dit que la foi était sans souffrance ? »

Dans la spiritualité orientale, tout semble beaucoup plus pessimiste dès le départ. En effet, la première leçon du Bouddha à ses cinq premiers disciples après son éveil concerne la souffrance[2] : « Notre existence, conditionnée, est imbue de souffrances : la naissance est une souffrance, la vieillesse est une souffrance, la maladie est une souffrance, la mort est une souffrance, être uni à ce que l'on n'aime pas est une souffrance, être séparé de ce que l'on aime est une souffrance - et, finalement, les cinq agrégats d'attachement (la matière, la sensation, la perception, les formations mentales et la conscience) sont aussi des souffrances. » Ainsi, la souffrance est inhérente à la condition humaine. Nous souffrons tous et tout le temps, à des degrés divers. Ce n'est pas une « anomalie » de la vie mais bien sa réalité !

Vu sous cet angle, chaque moment de bien-être est un temps de répit que nous devons apprécier au maximum. Nous pouvons illustrer la différence entre ces deux pensées par la métaphore météorologique. Avec la pensée occidentale, nous croyons vivre dans un climat du sud où il fait toujours beau. Cependant, il pleut si souvent que nous pensons être malchanceux

---

[2] *Les Quatre Nobles Vérités enseignées par le Buddha lors de son premier sermon, appelé « Sermon de Bénarès » ou « Mise en mouvement de la roue du Dharma (enseignement bouddhiste) »*

et passons notre temps à espérer qu' « après la pluie, le beau temps (reviendra) ». À force de voir si peu de journées ensoleillées, la tristesse et la dépression vont s'installer. Avec la pensée orientale, nous savons que nous vivons dans un climat du nord où il pleut très souvent. De ce fait, à chaque fois qu'il fait beau, nous profitons au maximum du soleil en acceptant qu' « après le beau temps, la pluie (reviendra) ». C'est une vision réaliste qui semble pessimiste au départ mais qui aide beaucoup à relativiser les souffrances dans les suites.

Hormis des douleurs physiques, la souffrance est la cristallisation des émotions refoulées et contenues depuis très longtemps. Par conséquent, elle ne peut disparaître facilement par une relaxation temporaire, ou par une fuite vers les plaisirs matériels ou un travail acharné... Sa nature a besoin d'être comprise, autant que la recette pour la transformer. En effet, la souffrance n'est pas totalement négative, bien au contraire. Elle est le terreau de l'éveil. Sans elle, nous ne chercherons pas à nous en délivrer en tendant vers une spiritualité transcendante. Joies et peines sont les deux facettes d'une même réalité.

Un bon jardinier voit de belles fleurs dans le compost de son jardin. Sachons transformer les souffrances de notre passé en une vie éveillée à celles d'autrui.

3. PAUSE MÉNAGE

Fermez les yeux un instant.

Ne fixez plus les sociétés qui vous hérissent, les personnes qui vous répugnent, les injustices qui vous révoltent, les événements qui vous inquiètent, votre passé qui vous désole... Vous avez déjà consacré beaucoup, voire trop de temps à les contempler.

Prenez simplement un petit moment pour vous-même.

Fermez les yeux et tournez votre regard vers l'intérieur.

Allumez une lumière en vous et inspectez.

Vous y découvrirez peut-être un petit enfant en colère, qui casse les jouets de ses copains parce que ces derniers sont plus beaux que les siens, ou qui pleure parce qu'il se sent si seul alors qu'il est encore incapable de se suffire à lui-même, ou qu'il a simplement peur car les autres lui semblent si menaçants et injustes envers lui...

Sa chambre est encombrée de poubelles non vidées depuis longtemps, remplies de ressentiments, de déceptions, de frustrations...

Depuis combien de temps l'avez-vous laissé se débrouiller seul, sans soin, sans affection... en vous contentant de regarder et de juger les comportements d'autrui ?

Alors, fermez les yeux juste un instant et respirez, revenez vers vous-même.

Votre enfant intérieur a grandement besoin de vous.

Prenez-le dans vos bras.

Aidez-le à ranger sa chambre.

Videz ses poubelles émotionnelles.

4. LE LABYRINTHE

Notre vie ressemble parfois à un labyrinthe. Nous tournons en rond sans direction précise et nous nous retrouvons souvent face à des impasses. Lorsque mes patients comparent leur vie à cette image, je leur pose toujours la question : « Savez-vous comment sortir du labyrinthe de notre vie de la manière la plus sûre et la plus rapide ? »

Quand nous étions enfants, nous avons tous joué à des jeux de labyrinthes où il fallait aider Jacques le pirate à trouver son trésor ou le petit Pierre à retourner chez lui. Même un enfant de 5 ans peut trouver le bon chemin ! Pourquoi ? Parce qu'il est au-dessus du labyrinthe et voit ainsi les points de départ et d'arrivée.

Un labyrinthe ne pose problème que si nous sommes dedans, pas au-dessus. Par conséquent, la manière la plus sûre et la plus rapide pour sortir du labyrinthe est de nous élever vers une spiritualité qui donne un sens à notre vie. Jacques le pirate ou le petit Pierre, c'est notre ego qui réclame constamment le respect, l'affection, l'amour, la fidélité, la richesse, la position sociale... tous ces besoins qui dépendent du bon vouloir des autres. Ils sont la source de nos déceptions et de nos impasses.

Nous ne sommes pas notre ego. Il est simplement notre avatar, notre masque, une illusion.

Laissons-le dans son labyrinthe et prenons de la hauteur.

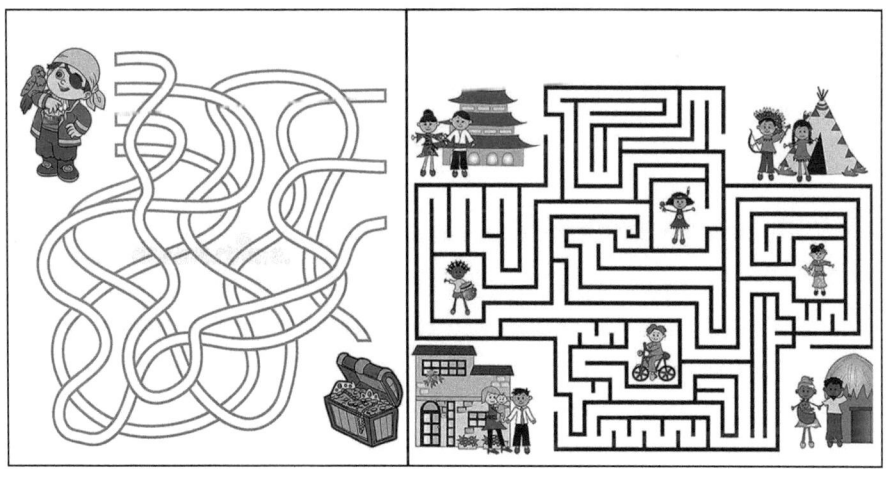

5. « LE PETIT PRINCE » D'ANTOINE DE SAINT-EXUPÉRY

Je profite du rangement de ma bibliothèque pour prendre une photo de ma collection du livre « Le Petit Prince» de St-Exupéry dans différentes langues et éditions. Ma mère m'a offert la version française de ce livre quand j'avais 10 ans. Je me souviens encore de ma première impression après l'avoir lu. Je trouvais l'histoire très « bizarre » et peu intéressante.

Et puis, à chaque relecture à l'âge de 12 ans, 14 ans, 17 ans… puis maintes fois à l'âge adulte, j'ai découvert de nouvelles leçons de vie, et il est devenu mon premier livre de sagesse occidentale. Il s'agit du deuxième livre traduit dans le monde après la Bible. À chaque voyage, je cherchais la ou les versions éditées dans le pays visité. Ceux qui me connaissent m'offrent l'édition de leur pays, me faisant voyager comme le Petit Prince à travers le monde. J'ai ainsi pu réunir aujourd'hui une petite collection de plus de 70 exemplaires de mon livre « fétiche ».

Ce livre est un trésor d'éveil pour l'esprit.

Le Petit Prince est notre âme d'enfant, qui part à la découverte du monde des « grandes personnes » dont la vie a fait perdre l'innocence primordiale. Elles sont représentées par des personnages sur leur planète: « le Roi », assoiffé de pouvoir ; « le Vaniteux », gonflé d'orgueil ; « le Buveur », qui perd tout sens de la vie; « le Businessman », fébrile de possessions ; « l'Allumeur de réverbères », prisonnier du devoir et des consignes; « le Géographe », enfermé dans les croyances de connaissance sans jamais en expérimenter une seule.

Il nous apprend à entretenir notre planète-esprit afin de ne pas laisser les émotions fortes la déborder.

Il ramone régulièrement ses volcans, même celui qui est éteint : « S'ils sont bien ramonés, les volcans brûlent doucement et régulièrement, sans éruption ».

Il reste vigilant à l'émergence des mauvaises pensées, symbolisées par des baobabs, qui paraissent au départ comme « des ravissantes brindilles » au milieu des bonnes herbes. On peut même les confondre avec des rosiers ! Cependant, si on les laisse grandir, ces pensées deviendront des paroles et attitudes inappropriées qui peuvent nuire. Les racines du baobab perforent alors la planète et la feront éclater.

Il expérimente également les premiers sentiments avec une rose arrivée par hasard sur sa planète, qui, après apprivoisement par son cœur, deviendra son unique rose parmi de milliers d'autres.

Dans son voyage vers la terre, il rencontre l'auteur, bloqué dans le désert, et lui rappelle l'importance de cette innocence perdue de l'enfance, ainsi que la valeur de l'amour qui peut illuminer toutes les étoiles du ciel.

Il apprend la vraie valeur de toute chose grâce à son maître, un renard aux yeux perçants qui peuvent voir l'invisible. Il expérimente enfin la mort, qui n'est pas une fin, mais un simple retour vers là d'où il est venu, immortel.

Dans les prochains chapitres, j'aborderai quelques passages du livre avec la vision orientale pour vous faire découvrir la grande sagesse de St-Exupéry, un auteur cher à mon cœur.

un homme aussi raisonnable.[1] »

C'est l'expression « se mettre à sa portée » qui rend ce passage extraordinaire. Voilà des « grandes personnes » traitées comme des enfants qui ne comprennent pas grand-chose! Eh oui, nous pensons qu'en grandissant, nous devenons plus malins, plus intelligents que les enfants, savons distinguer le bien du mal et nous occupons des choses sérieuses et concrètes, telles que notre fortune et notre carrière, en les faisant passer avant le reste. En réalité, nous régressons! Nous perdons un grand pouvoir, celui de l'innocence, qui procure une vision subtile permettant de voir la valeur essentielle de toute chose.

Nous doutons de tout, condamnons tout le monde et rendons notre monde si gris que même les arcs-en-ciel n'ont plus de couleur. La bonté est devenue une stupidité (« trop bon trop con ») et la ruse, une intelligence. Notre regard a perdu toute subtilité. Nous voyons des ennemis, des gens méchants, mais sommes incapables de voir leur souffrance derrière leur comportement, ainsi que notre propre souffrance à travers nos réactions épidermiques. Nous voyons les bénéfices pour nous lors d'une opération, mais sommes aveugles devant les pertes subies par autrui.

Pourtant, devenir adulte n'est pas synonyme de se transformer en « une grande personne ». La preuve: l'auteur, en tant qu'adulte, vous parlera des choses sérieuses, comme « des serpents boas, des forêts

---

1 *Extrait du livre « Le Petit Prince » d'Antoine de Saint-Exupéry*

vierges et des étoiles », s'il reconnaît l'enfant lucide qui reste encore en vous.

Alors, de temps en temps, revenez vers l'image du « boa fermé » et regardez-la attentivement. Si vous y voyez un éléphant, c'est que tout n'est pas perdu. Vous serez alors prêt pour le grand voyage, à la prochaine migration d'oiseaux sauvages.

Et n'oubliez pas de garder précieusement le secret dévoilé par St-Exupéry à la fin de son livre: « On ne voit bien qu'avec le cœur. L'essentiel est invisible pour les yeux ».

7. NOUS SOMMES LES CRÉATEURS DE NOTRE MONDE

Trente personnes ont passé ensemble deux jours de séminaire dans un hôtel avec salle de conférence. Hormis le temps des exposés, ils avaient mangé ensemble, pris des pauses ensemble et avaient beaucoup discuté. Après le séminaire, on demande à chaque participant de décrire tout ce qu'il a vécu pendant ces deux jours, sa perception de l'ambiance, des gens qu'il a côtoyés, des expériences qu'il a accumulées… Personne ne décrit la même chose. Pour monsieur N., Mr P. n'existait même pas, bien qu'il soit assis à quelques mètres de lui. Si madame B. trouvait le séminaire extraordinaire avec des gens sympathiques, madame M. n'avait pas du tout aimé, ne rencontrant que des personnes mesquines et obtuses. Étrangement, tout se passe comme s'ils ne vivaient pas dans le même monde pendant ces deux jours.

Si nous extrapolons cette petite expérience à l'ensemble de l'humanité, nous nous rendons compte qu'il y a autant de mondes différents que de personnes. En effet, chacun de nous crée son propre univers, comme un metteur-en-scène qui fait son film: nous choisissons les personnages qui y figurent, l'ambiance qui y règne (comédie ou tragédie, amour ou haine, sérénité ou peur, happy-end ou fin tragique…), les règles et chemins que doivent suivre tous ces acteurs, y compris nous-mêmes. Nous avons beau dire que nous suivons la loi divine ou humaine, nous la modifions volontairement pour servir nos intérêts lorsque l'occasion se présente, en mettant parfois la faute sur le dos du diable tentateur, de l'alcool ou de la drogue pour nous justifier.

Notre illusion est de croire que les autres mondes devraient prendre modèle sur le nôtre qui sert de référence. Nous oublions également que chacun de nous est le seul créateur de l'Univers dans lequel il vit, et donc le seul responsable de tout ce qui s'y trouve, de l'ambiance qui y règne. Nous rêvons tous d'un monde meilleur, plus égal, plus équitable, plus propre, plus solidaire.

Commençons par changer le nôtre, en réduisant nos déchets mentaux, en ralentissant notre rythme de vie pour ne pas oublier l'essentiel, en basant nos pensées, nos paroles et nos actions sur la compassion pour fleurir notre cœur et ceux des autres.

C'est là le point de départ d'un monde nouveau.

8. NOS VÉRITABLES MAÎTRES

Habituellement, lorsqu'on nous demande qui est notre guide, notre maître de référence dans la vie, la réponse est souvent « Dieu », « Jésus », « Bouddha » ou « ma conscience du bien et du mal », « l'amour du prochain » … Si cela était vrai, notre monde serait en paix, il n'y aurait plus de guerres, de conflits d'intérêt, de luttes diverses, de disputes, de discriminations ou d'agressions.

Soyons honnêtes avec nous-mêmes: nos véritables maîtres, ceux qui peuvent réellement nous soumettre, sont nos propres émotions.

Lorsque nous sommes en colère, toutes nos références disparaissent et nous suivons aveuglément ce que notre maître « colère » nous dicte de faire: paroles blessantes voire insultantes, actions regrettables pour l'avenir, autodestruction…

Lorsque nous recherchons désespérément le plaisir, cette « joie » éphémère, notre maître nous pousse à l'avidité: addiction, tricherie, tromperie, mensonges, voire agression, vol... pour avoir plus d'argent, plus de pouvoir, plus de satisfaction au détriment des autres.

Lorsque nous sommes anxieux, notre maître nous guide à exiger et à mettre notre entourage sous pression pour compenser notre incapacité à être suffisants à nous-mêmes.

Lorsque nous sommes tristes, notre maître nous isole dans nos malheurs, nos souffrances et nous coupe des autres pour que nous ne puissions nous en sortir avec leur aide.

Lorsque nous avons peur, notre maître nous entraîne dans la fuite perpétuelle du monde perçu comme menaçant, ou nous transforme en « écorchés-vifs » qui souffrent de victimisation sans fin, se sentant obligés de lutter en permanence pour être bien considérés.

Tous les jours, j'assiste à des souffrances inutiles résultant du désastre des émotions mal apprivoisées: conflits familiaux, professionnels, profond mal-être que rien ne semble pouvoir sauver...sans parler de leurs retentissements sur le corps: insomnies, syndrome anxiodépressif, addiction, douleurs tendino-musculaires, articulaires, maladies autodestructrices...

S'il y a une lutte qui vaut vraiment le coup, c'est bien celle qui nous délivre de l'emprise de nos émotions sur notre vie. Elle est difficile, car les souffrances de notre passé, nos mauvaises expériences et souvenirs ont tendance à jeter de l'huile sur le feu pour les nourrir, afin de continuer à exercer leur emprise sur nous, à travers notre ego. Elle est difficile, car les mauvaises habitudes dans nos comportements sont devenues nos réflexes de survie, même si leur nature est perverse et nocive.

Reconnaître nos véritables maîtres et notre condition d'esclaves est le premier pas vers la délivrance de nos profondes souffrances.

9. À CHACUN SON ATTACHEMENT

Si la spiritualité orientale reconnaît l'attachement comme le facteur qui crée et entretient la souffrance, nous n'avons pas tous les mêmes attachements. Ils sont en fait notre masque défensif pour cacher une émotion débordante sous-jacente, difficilement contrôlable pour un esprit non entraîné. Ainsi, il existe cinq principaux types d'attachement, liés aux Cinq Mouvements énergétiques de l'organisme et leurs cinq émotions correspondantes:

Le type Bois: L'émotion du type Bois est la colère. Son masque défensif est l'attachement à la planification, la programmation et la perfection (dont les petits détails bien insignifiants pour les autres). Ils aiment les agendas, les notes, les étiquettes et les stylos de toutes les couleurs pour bien organiser. Lorsque leurs plans ne se déroulent pas comme prévu, leur colère ressort et peut être explosive. En régression, ils peuvent se stresser au point de « se noyer dans un verre d'eau » et vont vers un état obsessionnel. Leur principale souffrance est la difficulté à lâcher prise.

Le type Feu: L'émotion du type Feu est la joie. La joie étant éphémère, le type Feu craint le vide lorsqu'elle s'en va. Son masque défensif est une course aux plaisirs éphémères qui risque de l'amener vers une addiction (sexe, drogue, travail, jeux...). Il est motivé par le désir de possession et supporte mal la frustration. Il court souvent derrière « plusieurs lièvres » en même temps pour avoir toujours une « option-plaisir » prête à être utilisée.

En régression, il peut faire des achats compulsifs ou s'épuiser à combler ses frustrations par la course aux plaisirs éphémères. La dépression ou l'addiction n'est pas loin.

Le type Terre: L'émotion du type Terre est l'anxiété. Pour justifier son anxiété permanente, il s'attache aux besoins des autres, au risque de négliger ses propres besoins. Il est motivé par l'aide qu'il procure aux autres. Cela lui donne l'impression d'être utile et altruiste. En régression, il attend un retour de la part de ceux qu'il a aidés et peut souffrir de leur indifférence à son égard. Il peut sombrer dans l'épuisement voire la dépression lorsque la dépendance aux autres dépasse ses capacités de donner.

Le type Métal: L'émotion du type Métal est la tristesse. Pour ne pas la sentir constamment, le type Métal l'enfouit au fond de son esprit et ne manifeste pas ses émotions à l'extérieur. Il s'attache à la tranquillité de son monde intérieur qu'il veut préserver à tout prix. Introverti et lent, il limite les approches des autres et préfère observer le monde qui l'entoure pour en tirer toutes les leçons. En régression, il peut se couper de son entourage pour vivre seul avec lui-même, en souffrant des liens impossibles à établir avec autrui du fait de cette distance.

Le type Eau: L'émotion du type Eau est la peur. Il vit dans un sentiment d'insécurité permanente (peur de manquer, d'être trahi, abandonné, d'être méprisé...) Pour cacher la peur omniprésente dans son esprit par manque de confiance en soi, le type Eau a deux systèmes de défense: la fuite devant les situations considérées comme menaçantes ou l'affrontement immédiat pour étouffer le danger dans l'œuf. Il gonfle son ego à bloc pour prouver aux autres qu'il ne craint rien ni personne. Souvent méfiant et se comportant comme un « écorché vif » doté d'un esprit revendicatif, il se bat contre ce qu'il considère comme une trahison, un acte déloyal ou une injustice. En régression, il peut voir des conspirations de toute part contre lui et créer ainsi un climat conflictuel avec son entourage.

Ainsi, nous avons en chacun de nous un type d'attachement particulier[1], avec la souffrance qui lui est liée. C'est en se connaissant et en compatissant avec les émotions des autres que nous pourrons trouver les mots et les gestes justes, afin de vivre en harmonie avec soi-même et amener la paix dans le monde.

---

1 Pour en savoir plus, vous pouvez lire « *Émotions, souffrances, délivrance* » du même auteur.

10. « L'ALLUMEUR DE RÉVERBÈRES », L'ARCHÉTYPE DU BOIS YANG

Dans le monde du « petit prince » de Saint-Exupéry, si vous pouvez voir les étoiles qui scintillent la nuit, c'est grâce à des allumeurs de réverbères qui les rallument chaque nuit, puis les éteignent lorsque le jour arrive.

« Quand il allume son réverbère, c'est comme s'il faisait naître une étoile de plus, ou une fleur. Quand il éteint son réverbère ça endort la fleur ou l'étoile. C'est une occupation très jolie. C'est véritablement utile puisque c'est joli. [1] »

Un jour, lorsque le petit prince est arrivé à une toute petite planète où vit un seul allumeur de réverbères, son étonnement fut total. Sa planète

---

1   Extrait du livre « Le Petit Prince » d'Antoine de Saint-Exupéry

tournant de plus en plus vite, ce dernier était obligé d'allumer puis d'éteindre son réverbère toutes les minutes. Cependant, ne pouvant pas déroger aux consignes, il continuait à exécuter ce travail même sans avoir le temps de dormir, et enchaînait une série de « bonjour-bonsoir » à son visiteur. « *C'est la consigne. Il n'y a rien à comprendre, dit l'allumeur. La consigne c'est la consigne.*[2] »

Selon les théories de la médecine traditionnelle chinoise ce personnage a le profil émotionnel du sous-type **Bois-Yang**[3]. Pour lutter contre une colère constamment présente en lui comme un volcan endormi, il va organiser sa défense en planifiant sa vie autour d'une notion personnelle de perfection et d'irréprochabilité, qui repose sur des règles et des principes, voire des protocoles. Sa principale souffrance est sa difficulté à lâcher prise. Lorsqu'il monte son plan, il s'attache au moindre détail en visant la perfection et peut se noyer dans un verre d'eau. Il devient alors obsessionnel.

En quittant cette planète, [le petit prince] « *eut un soupir de regret et se dit encore : Celui-là est le seul dont j'eusse pu faire mon ami. Mais sa planète est vraiment trop petite. Il n'y a pas de place pour deux...* »

Par conséquent, si vous vous reconnaissez dans l'image de « l'allumeur de réverbère », soyez

---

2 *Extrait du livre « Le Petit Prince » d'Antoine de Saint-Exupéry*

3 *Pour en savoir plus, vous pouvez lire « Émotions, souffrances, délivrance» du même auteur*

attentif aux autres, surtout à ceux qui peuvent ne pas comprendre ou adhérer à votre planification. En cherchant absolument la perfection dans la réalisation de vos projets, vous privilégiez la raison sur les sentiments et rétrécissez progressivement votre planète, jusqu'à ce que vous soyez le seul habitant qui pourrait y trouver de la place.

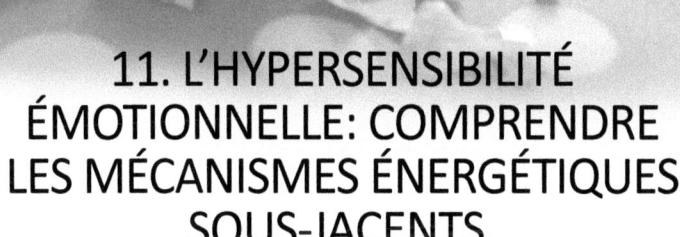

11. L'HYPERSENSIBILITÉ ÉMOTIONNELLE: COMPRENDRE LES MÉCANISMES ÉNERGÉTIQUES SOUS-JACENTS.

Les publications de psychologie parlent souvent des personnes hypersensibles, qui souffrent de vivre leur émotion « à fleur de peau », suscitant l'incompréhension de leur entourage, comme un seul type de personnage.

Cependant, après des années d'observation de mes semblables, j'ai relevé principalement trois types différents de personnes hypersensibles. Ils correspondent chacun à une faiblesse énergétique à part, avec des comportements de défense émotionnelle différents.

Le premier est le type **Eau**[1].

Sa faiblesse émotionnelle principale étant la peur et le manque de confiance en soi, il a appris depuis sa jeunesse à se méfier des autres, de leurs belles paroles qui pourraient cacher des intentions peu louables, de leurs promesses et trahisons potentielles. Pour cette raison, il « scanne » systématiquement ses interlocuteurs pour détecter leurs éventuelles intentions cachées et estime le degré de confiance qu'il peut avoir en ces derniers. Au fil des années, il se sent doté d'une intuition particulière, capable de lire les comportements et de prévoir les complots. Cependant, son scanner étant trop sensible, il va se sentir attaqué, jugé ou blessé devant certains faits ou paroles anodines qui ne le visent pas personnellement et souffrira de façon inutile. Le sous-type Eau Yin fuit devant une situation menaçante. À l'inverse, le sous-type Eau Yang se comporte comme un « écorché vif » qui réagit violemment face à l'injustice et à la traîtrise. Il aime porter l'image du justicier qui combat pour rétablir la justice selon ses propres normes.

Son hypersensibilité émotionnelle vient de sa peur du monde qui l'entoure, dans lequel il vit avec un sentiment d'insécurité permanente.

Un autre type de personne hypersensible est le sous-type **Feu Yin**. L'émotion du Feu est la joie, mais chez le sous-type Feu Yin, l'énergie du Feu est si faible que la joie de vivre a du mal à s'installer

---

[1] *Pour en savoir plus, vous pouvez lire « Émotions, souffrances, délivrance » du même auteur.*

dans sa vie. Habité par un grand vide dans son cœur, le Feu Yin désire ce qui n'est pas disponible, difficile à obtenir voire hors d'atteinte. Cela pourrait être un amour perdu, impossible ou idéalisé et inatteignable, voire un désir d'enfant inassouvi par une stérilité. Ce sont souvent des artistes (poètes, écrivains, acteurs, danseurs, chanteurs, peintres…) qui ont un grand sens de l'esthétique et la particularité de sublimer leur souffrance dans leurs œuvres. Plus ils souffrent, plus ces dernières sont belles, voire extraordinaires. Ils se perçoivent comme des êtres particuliers qui ont du mal à s'intégrer dans la société avec ses codes et normes si banales.

Leur vie sentimentale est souvent un psychodrame car ils désirent un amour aussi flamboyant qu'un feu de paille tout en étant aussi durable qu'un feu de charbon.

L'hypersensibilité émotionnelle du Feu Yin se manifeste à travers son désir ardent de l'impossible. Cependant, s'il obtient enfin ce qu'il a inlassablement poursuivi, il trouvera ce dernier si banal que sa douleur ne pourrait être atténuée.

Le troisième type de personne hypersensible est le type **Terre**. Pour pallier son anxiété permanente, il va tourner son attention vers les besoins de son entourage, au risque d'oublier ses propres besoins. Armé de son altruisme, il se lance dans son combat pour les pauvres et les oubliés (SDF, migrants…) en essayant de changer leurs conditions de vie. Parfois, il choisit de s'engager dans des processus d'aide à autrui longs et difficiles sans avoir les ressources nécessaires.

Il peut alors sombrer dans l'épuisement et la dépression avec un sentiment d'inutilité.

L'hypersensibilité émotionnelle du type Terre est due au fait qu'il est déjà naturellement sensible à la souffrance des autres. En y ajoutant la sienne, ses capacités sont dépassées et le laissent dans un paradoxe insoluble « j'ai besoin d'aider autrui pour être bien, mais j'en suis incapable, donc j'ai besoin qu'on m'aide, mais cela ne me fait pas de bien. »

Au total, l'hypersensibilité émotionnelle a plusieurs natures et chacune ses remèdes. C'est en comprenant correctement le processus énergétique sous-jacent que l'on peut proposer à chaque personne un travail d'auto-guérison propre qui l'aidera à s'en sortir.

12. SE SUFFIRE À SOI-MÊME

Nous attendons beaucoup du monde qui nous entoure: compréhension, attention, aide, joie, amour, bonnes appréciations, respect, loyauté, fidélité, justice... et sommes fréquemment déçus, tristes, voire en colère, car ses réponses ne correspondent pas souvent à nos attentes. Avec le temps, certains d'entre nous deviennent aigris, méfiants, voire antipathiques ou agressifs envers autrui. D'autres deviennent dépendants des appréciations de leur entourage, des « J'aime » d'amis virtuels sur les réseaux sociaux pour se sentir moins vides et avoir plus de confiance en eux.

Il est vrai que nous ne sommes pas des univers fermés, limités par la frontière du soi. Nous sommes constamment en interaction avec notre environnement et notre entourage. Nous avons besoin du soleil, de la pluie, de la terre, des animaux, des végétaux, et de nos semblables pour subsister, et cela depuis la nuit des temps. Nous leur empruntons certaines choses et leur en fournissons d'autres. C'est la symbiose: tout est Un dans une inter-existence perpétuelle.

Ceci est également vrai dans les relations interhumaines. Pour être heureux, nous avons besoin d'une ambiance sereine, paisible, harmonieuse avec autrui.

Cependant, cette condition est sérieusement menacée si nous effectuons une « fermeture des frontières » du soi et une « déclaration de guerre » avec tout ce qui est considéré comme anti-soi.

Examinons notre esprit. Cela vient du fait que nous ne sommes pas suffisants à nous-mêmes. Se suffire à soi-même ne veut pas dire être arrogant et se trouver au-dessus des autres, bien au contraire. Tel un mendiant qui vient de se rendre compte qu'il est immensément riche, cet éveil soudain nous révélera qu'il n'est nullement besoin de nous battre pour imposer le respect ni pour prouver notre valeur.

Nous n'aurons plus besoin de mettre la pression sur notre entourage pour leur imposer de l'admiration, de l'attention, voire de l'amour.

Nous nous aimerons suffisamment pour que notre image ne soit jamais ternie à nos yeux devant les critiques blessantes d'autrui. Par conséquent, nous ne nous comportons plus comme des victimes perpétuelles de la « méchanceté » des autres.

Nous possédons bien suffisamment pour ne plus être jaloux du bonheur de notre entourage. Nous serons capables de leur donner sans rien attendre en retour, pas même des remerciements.

Et au-delà de tout, lorsque notre ego sera transparent, nous pourrons traverser seul les orages et tempêtes, sans peur et sans trop souffrir. Nous deviendrons une source inépuisable où chacun pourra trouver du réconfort, un roc solide pour notre entourage, mais sans fierté ni sentiment d'être indispensable.

Auparavant, nous ne voulions pas nous faire « marcher sur les pieds ». Maintenant, n'ayant plus de pieds (qui sont notre ego), nous ne souffrons plus de ce problème et savons voler de nos propres ailes.

Ainsi, se suffire à soi tout en restant en symbiose avec les autres est une maturité spirituelle qui ne pourra être acquise qu'avec un éveil et un entraînement quotidien de l'esprit.

13. LE DILEMME DU HÉRISSON

Arthur Schopenhauer, philosophe allemand du 18e siècle, a utilisé cette analogie pour évoquer les difficultés des relations humaines: un groupe de hérissons cherche à se rapprocher afin de partager leur chaleur par temps froid. Cependant, s'ils sont trop près les uns des autres, ils se blessent mutuellement avec leurs épines. Trop loin, ils ne peuvent se réchauffer.

Un jour, une patiente m'a raconté le dilemme qu'elle venait de vivre: divorcée depuis plusieurs années, elle cherchait l'âme sœur pour briser sa solitude. Par le hasard des choses, elle a rencontré un homme qui souhaitait s'engager avec elle pour une vie à deux. C'est à ce moment qu'elle est entrée dans un stress intense qui l'a poussée à reculer. Elle craignait qu'il ait découvert ses défauts et qu'il coupe leur relation, ce qui l'aurait encore plus fait souffrir.

La peur est souvent à l'origine de nos contradictions. Nous avons peur de la solitude, mais également de décevoir, d'être étouffés par l'autre, peur de s'être trompés, d'être trahis, abandonnés, peur de se montrer sans masque, d'être déçus par un nouvel échec, peur des complications créées par la nouvelle situation… Que d'épines qui pourraient nous blesser mutuellement si nous nous approchons trop près l'un de l'autre!

Cette peur naît du réflexe d'autoconservation du soi. Elle nous rend méfiants vis-à-vis des autres et nous pousse à nous éloigner d'eux. Par conséquent, les relations deviennent froides et distantes, perdant toute la chaleur nécessaire à leur développement.

Parfois, pour accéder à l'équilibre, il nous est nécessaire de vaincre la peur du renouveau, de franchir les limites de la pseudo-« zone de sécurité » du soi, de prendre le risque de faire confiance aux autres et d'assumer les conséquences de nos choix.

Toute naissance commence avec la douleur. Toute maturité passe par la traversée des épreuves. Toute liberté requiert un abandon de soi.

Sans cela, le germe ne deviendra jamais un arbre, ni la chrysalide un papillon.

14. TRANSFORMONS NOTRE POUBELLE EN COMPOSTEUR

Une patiente m'avait fait lire l'histoire de sa vie à travers une biographie rédigée après de multiples démarches de recherche spirituelle ainsi qu'une longue thérapie qui lui ont permis de se reconstruire et d'être heureuse aujourd'hui. C'est un récit de vie qui glace le sang, car il exprime la peur profonde qu'elle ressentait depuis son enfance, où les événements fâcheux et les personnes malveillantes semblaient lui tourner autour sans relâche.

Sa vie était une véritable souffrance. Histoire et ambiance familiale insécuritaires: violée dans l'enfance par l'amant de sa mère, donc impossibilité pour elle de révéler l'affaire à ses parents, échecs répétés dans ses études et ses différentes vies de couple, elle écrit:

« Mes états d'âme sont épouvantablement dépressifs, me dévalorisant sans cesse, je me sens vide à l'intérieur d'un corps, qu'aucune parole ne peut réhabiliter. Je me sens aussi nulle que je pense l'être [...] Je n'ai qu'une envie: disparaître ... ».

À partir de là, un processus « d'automutilation » est amorcé: « Je pris conscience que je suis devenue le souffre-douleur de ce que mon mécanisme de défense a mis en place. Je suis devenue mon propre bourreau quand mes pensées dévalorisantes m'enferment dans un schéma de croyance que personne ne peut me comprendre et que je ne suis pas digne d'être aimée [...] À tout moment, je sais que je peux être la proie d'une telle pensée et que lui donner de l'importance et m'identifier à elle revient à provoquer un enchaînement d'événements douloureux [...] En fait, je réalise que je me suis identifiée au désespoir de ma solitude [...] La dévalorisation est pernicieuse. Elle m'entretient dans un cercle vicieux, où les schèmes se répètent sans cesse, sans que je puisse les changer, même si je le désire […] Il semble que je choisisse toujours mes compagnons renforçant l'image négative que j'ai de moi. Chacun d'eux me reflétant des brides de mon histoire cachée, par leur propre vécu non réglé. »

Au point de vue énergétique, cette patiente est de type Eau. Son émotion dominante est la peur. Depuis son enfance, elle est constamment nourrie par un esprit qui se dévalorise, perdant toute confiance en elle et tentant de se défendre par des mécanismes erronés qui, au lieu de la délivrer, la font davantage sombrer dans le désespoir.

Son enfant intérieur est perdu au milieu de poubelles non vidées depuis très longtemps : « Je commence à me dire que je me suis développée avec toute la contrariété et la tristesse ressentie comme enfant chez mes parents, par la violence et le chagrin, l'éducation, leur incohérence, l'ignorance, et surtout par un manque de regard inconditionnel. Le viol est venu accentuer ce sentiment de solitude et développer, jusqu'à m'en identifier, à la culpabilité, la honte, la mésestime de moi, l'insécurité angoissante, l'incapacité à reconnaître mes besoins et à les satisfaire, à être à l'écoute de mes émotions, mes difficultés scolaires notamment de mémorisation, mon incapacité à recevoir, mes échecs amoureux, mes problèmes professionnels, mes difficultés à m'intégrer dans un groupe, mes troubles alimentaires, mes insomnies, mes douleurs de dos et musculaires, une subtile tendance au masochisme, à la dépression, à la confusion mentale. »

Et puis, un jour, par son propre chemin spirituel

et beaucoup d'efforts, elle a trouvé le moyen de se délivrer par une renaissance: transformer son esprit « poubelle » en « composteur ». Elle écrit: « Je parviens davantage à écouter de l'intérieur ce que mes émotions me disent, et les besoins qui s'y rattachent au lieu d'écouter l'extérieur qui a le sentiment qu'il sait mieux que moi ce que je ressens et ce que je pense. Finalement, mes références deviennent internes, de plus en plus vivantes en moi que n'importe quel sentiment d'autrui. Ainsi, j'intègre tout doucement l'idée que je suis un être à part entière, qui a le droit de vivre, digne de respect et d'amour. Reconnaissant et appréciant enfin mes valeurs, je m'aventure à les exprimer plus librement, posément, calmement et sens que c'est bon. Par cet espace libéré, j'ai le sentiment de reprendre le cours de ma vie avec le plaisir de me sentir normale, la notion de libre arbitre prend sens, le sentiment d'être soi avec une impression d'être intégrée, reliée aux autres, à l'univers, dans un respect, une dignité et une énergie grandissants. »

Ce témoignage est si extraordinaire que je lui ai demandé la permission de le partager avec vous. Pour une fois, je n'ai pas grand-chose à ajouter. Lorsque les limites de notre ego s'évaporent, nous permettant de redevenir des univers ouverts et connectés aux autres, nous ne souffrirons plus tout seul en silence. Sur le compost provenant des déchets de nos souffrances vont enfin pousser les fleurs de l'éveil vers la compassion, pour soi et pour autrui, provenant des semences de l'amour infini.

15. L'INCROYABLE HULK

Un jour, une patiente me confia: « C'est comme si en moi, il y avait deux personnes qui cohabitent. L'une a l'esprit clair et raisonnable, comprend tout, sait ce qu'il faut faire ou éviter, ce qui est juste ou mensonger. L'autre apparaît lorsque les émotions m'envahissent. Je ne comprends pas ce qu'il m'arrive: ma tête sait que c'est absurde et que j'ai tort, mais une forte pulsion me pousse à dire des méchancetés, à menacer, à insulter, à choisir la violence, à mentir… Lorsque je me suis calmée, j'étais tellement désolée des dégâts créés à mon entourage que j'avais peur qu'on me laisse tomber ».

Son témoignage me rappelle Hulk, un super-héros créé par Marvel dans les années 60.

C'est l'histoire du docteur Bruce Banner, un savant timide irradié par des rayons gamma, qui cache en lui un monstre ravageur à l'esprit d'enfant.

Ce dernier demande uniquement qu'on le laisse en paix. Lors de moments de stress ou de colère intense, le docteur Banner se métamorphose en cette créature colossale à la peau verte, Hulk, qui possède une force phénoménale et porte une rage qu'il ne parvient pas à contrôler. Cette rage est présente en lui depuis sa jeunesse quand, petit garçon, il est battu par son père et vit sa mère mourir sous les coups de ce dernier.

Hulk est si gigantesque qu'il dépasse la petite taille de Banner, fait craquer tous ses vêtements et balaie tout sur son passage, ne craignant ni balles, ni voitures, ni aucun obstacle.

En fait, nous avons tous un incroyable Hulk qui sommeille en nous. Plus notre passé est lourd, avec des séquelles traumatiques et un manque d'amour, plus notre monstre est géant, fort et impitoyable. Il s'appelle « ego ». Même surdimensionné, il n'est en fait qu'un petit enfant qui souffre, qui a peur, pleurant souvent, criant au secours fréquemment, a besoin d'être reconnu et réclame justice pour lui en permanence, n'étant pas suffisant à lui-même.

Il a besoin d'être rassuré et aimé, mais fait tellement peur aux autres qu'il crée en permanence un vide avec désolation autour de lui.

Il est peut-être temps pour chacun de nous de prendre soin de notre vraie nature aimante et paisible à l'image du docteur Banner et de faire comprendre à Hulk qu'il n'a plus lieu de se réveiller.

Cela nécessite un éveil spirituel, un entraînement régulier de l'esprit et beaucoup de patience, mais le jeu en vaut vraiment la chandelle.

16. RIEN NI PERSONNE NE POURRA NOUS RENDRE HEUREUX

Ce matin, un patient se confiait à moi: « Je ne comprends pas pourquoi j'ai tout ce qu'il faut pour être heureux: une femme et des enfants qui m'aiment, un travail que j'ai choisi, une maison confortable, un train de vie au-dessus de la moyenne, et pourtant, je ne suis pas heureux. Je pense que je n'ai jamais connu le bonheur depuis mon enfance ».

Je lui avais répondu: « Effectivement, vous pouvez tout posséder sans être véritablement. Le bonheur est avant tout un état d'esprit ».

Les adeptes de la psychologie positive suggèrent qu'il suffit d'accumuler des plaisirs qui se succèdent jour après jour pour combler le vide de l'existence et y apporter la félicité. Malheureusement, ce sentiment de bonheur est très éphémère et fragile, car il dépend des conditions dans lesquelles nous vivons. Si nous comptons sur elles, le jour où elles changeront (chômage, divorce, maladie, accident…), notre sentiment de bonheur va s'effondrer, rapidement remplacé par des frustrations et des regrets, nourrissant ainsi la souffrance.

Certains d'entre nous espèrent ardemment le grand amour, pensant qu'une personne spéciale pourra combler tous les vides, les manques et apporter le bonheur comme dans un conte de fées.

La réalité diffère souvent de ces rêves. En plaçant trop d'espoir et de pression sur l'être aimé, celui-ci pourrait finir par s'éloigner pour retrouver sa liberté. Si nous ne sommes pas autonomes émotionnellement, rien ni personne ne pourra nous rendre heureux.

Le bonheur n'a rien d'extraordinaire; il est simplement une perspective de vie, une création de l'esprit.

Si nous créons notre paradis, il se manifestera partout, dans chaque brin d'herbe, chaque caillou, chaque animal, chaque geste, chaque sourire... Il pourrait même transcender les épreuves, les moments difficiles de la vie, comme si une simple goutte de sucre pouvait adoucir une tasse de café amer.

En revanche, si nous nourrissons l'idée d'un enfer, il sera également omniprésent, même dans les endroits les plus splendides, les palaces les plus somptueux, sur les plages paradisiaques, dans les cœurs les plus bienveillants et les amours les plus passionnés.

Rien ni personne ne pourra nous rendre heureux si nous ne faisons aucun effort pour créer notre petit paradis intérieur.

17. LORSQUE TOUTES LES CONDITIONS SONT RÉUNIES

Tout connaisseur le sait: il faut réunir de nombreuses conditions favorables pour qu'un vin soit bon. Cela inclut le choix du cépage adapté à la zone géographique, des conditions climatiques idéales (ni trop d'eau ni trop peu, pas de grêle, une quantité suffisante de lumière et une chaleur modérée), un travail assidu du viticulteur, un savoir-faire en matière de vinification, et des conditions de stockage optimales.

Lorsque toutes ces conditions sont réunies, on peut obtenir un grand cru, un millésime qui gagne en valeur avec le temps, devenant une valeur sûre.

Nos relations avec autrui sont comparables au bon vin. Elles requièrent des soins, de l'attention et des circonstances favorables pour se développer, devenir solides et épanouissantes. Cependant, nous oublions souvent que nous avons le pouvoir de créer ces bonnes conditions, mais aussi celui de les compromettre par nos paroles et nos actions, souvent impulsées par nos émotions incontrôlables.

Aujourd'hui, je souhaite mettre l'accent sur la peur, cette émotion qui peut éloigner des relations saines et constructives. Le manque de confiance en soi nous rend excessivement méfiants envers les autres, leurs regards et leurs jugements. Nous voulons montrer que nous ne craignons pas les autres en leur montrant une attitude combative voire agressive. Cependant, nous sommes incapables de reconnaître notre responsabilité dans l'éloignement de nos proches et d'en accepter les conséquences. Nous continuons à croire que la vie est injuste envers nous et nous confronte toujours à des personnes méchantes et ingrates.

Dale Carnegie, expert en développement personnel, avait écrit: « Si vous voulez du miel, ne donnez pas de coups de pied dans la ruche! ».

Un clou planté dans un poteau laisse toujours une trace, même lorsqu'il est retiré. Des paroles blessantes, même si elles sont franches et justes, peuvent causer des dégâts irréparables.

Tel est le principe de la loi de cause à effet. Tout effet a une cause, à examiner attentivement avec un esprit serein et clair, sans être influencé par les émotions ni par le besoin de satisfaire l'ego.

Si l'amour et la compassion deviennent la base de chaque parole et de chaque action, alors les conditions seront toujours optimales pour établir des relations « millésimées » qui traverseront le temps sans se détériorer.

18. DÉCONDITIONNEMENT

Connaissez-vous le théorème du singe? C'est une fable décrivant une expérience imaginaire menée sur un groupe de singes. Cinq chimpanzés sont isolés dans une pièce où se trouve une banane en haut d'une échelle. Dès qu'un singe commence à escalader l'échelle, les autres reçoivent automatiquement une douche froide. Rapidement, les chimpanzés apprennent qu'ils ne doivent pas escalader l'échelle s'ils veulent éviter d'être arrosés. La douche est ensuite désactivée, mais les chimpanzés conservent l'expérience acquise et ne tentent pas de s'approcher de l'échelle.

Lorsqu'un des singes est remplacé par un nouveau, les autres singes l'agressent violemment et le repoussent lorsqu'il s'approche de l'échelle. Même scénario avec un deuxième chimpanzé remplacé, agressé par le premier singe de remplacement. L'expérience se poursuit jusqu'à ce que tous les premiers chimpanzés ayant subi les douches froides soient remplacés. Pourtant, les singes ne tentent toujours pas d'escalader l'échelle pour atteindre la banane. Si l'un d'entre eux ose essayer, il est puni par les autres, sans que personne ne sache pourquoi cela est interdit malgré l'absence de douches froides.

Ce phénomène est appelé « conditionnement ».

Depuis notre enfance, nous sommes conditionnés par nos parents, la société (avec sa culture, ses mentalités et ses règles), la religion, différentes idéologies et courants de pensée. Les méthodes de conditionnement s'appuient souvent sur la peur (peur des péchés, de ne pas plaire à Dieu, de régimes ou idées spécifiques, de l'échec entraînant la pauvreté, du regard des autres, de décevoir...) ainsi que sur les sentiments de honte et de culpabilité.

Comme toute chose, ce conditionnement a deux effets. Son effet positif peut nous façonner en adultes réussis, indépendants et responsables, utiles à la société et aux autres. En revanche, son effet négatif peut nous conduire vers une pensée unique dépourvue de discernement, des certitudes erronées guidant notre vie vers la souffrance et des sentiments de honte face à l'incapacité d'atteindre notre idéal, voire de culpabilité pour ne pas être « dans les normes ».

Buzz Aldrin, le cosmonaute américain, a souffert toute sa vie de n'être « que » le deuxième homme à avoir marché sur la lune. Son père lui répétait sans cesse: « Seul le premier compte! ».

Par conséquent, une des étapes clés de la libération de notre esprit est son déconditionnement. C'est une étape difficile et douloureuse pour de nombreuses personnes, mais les résultats sont très bénéfiques à long terme.

Le déconditionnement commence par un changement de pensée, passant de la dualité à l'unité: chaque chose, chaque événement a deux faces, lumineuse et obscure, intimement liées. Un esprit équanime accepte ce qui se présente à lui, qu'il soit positif ou négatif.

Si nous parvenons à « voir le lotus dans la boue et la boue dans le lotus », notre esprit deviendra équanime. Nous nous libérerons de nos tourments lorsque nous cesserons d'aimer ceux qui correspondent à nos normes et de détester ceux qui diffèrent de nos standards.

Un esprit équanime peut traverser toutes les tempêtes et affronter toutes sortes de situations, car il est libre de tout conditionnement préalable. Mieux encore, il nous délivrera de nos propres démons: nos peurs et nos culpabilités qui nous enchaînent depuis toujours.

19. RÉVERSIBILITÉ

La veste de cuir de mon esprit manquait de peau,
Écorchée vive,
Sourire à l'extérieur, mais souffrir à l'intérieur; un bateau
À la dérive.
Contre vents et marées; un masque
Si parfait,
Mon esprit, seul, de guerre lasse,
Pleurait.

Et puis, le temps passant, emportant joies et peines,
Tout s'efface.
La fin arrivera un jour,
Sans préambule.
Retourne ta veste, c'est le moment!
Côté intérieur.
Souffrir à l'extérieur, inévitable, mais sourire à l'intérieur,
Le bonheur.

20. VÉLO À 4 ROUES

La vie spirituelle est semblable à un enfant. Elle doit croître et mûrir, sous peine de demeurer infantile. Lorsque nous étions enfants et apprenions à faire du vélo, les deux roues supplémentaires étaient d'une grande valeur. Elles nous ont permis de nous asseoir facilement et de rouler sans perdre l'équilibre. Cependant, une fois adultes, elles deviennent des obstacles. Si nous ne les retirons pas, nous ne pouvons pas avancer aisément et rapidement.

Pendant mon enfance, j'ai bénéficié d'une éducation chrétienne stricte: des directives sur les bonnes actions à accomplir et les péchés à éviter. Cela m'a aidé à construire des bases solides au début de mon parcours spirituel. La prière m'a soutenu dans les moments difficiles empreints de doute et de peur. Le catéchisme a orienté ma vie vers une vision altruiste imprégnée d'amour pour autrui. Tout semblait solide et parfait.

Je me souviens de l'époque où je remettais en question les concepts de mon éducation religieuse. Mon entourage percevait cela comme si j'enlevais ces roues supplémentaires pour essayer de rouler uniquement avec les deux roues principales. Nombre de guides spirituels de mon enfance me conseillaient d'abandonner cette idée, craignant que sans sécurité, je ne risque de finir dans un ravin et d'y perdre la vie (éternelle)! Et c'est exactement ce qui s'est produit.

Curieusement, tel une graine qui était morte dans une terre fertile, ma vie spirituelle renaissait sous la forme d'une petite plante, poussant avec le soleil et fermant ses feuilles la nuit pour boire la rosée. Lentement, elle s'enracinait et grandissait. J'avais finalement compris que la croyance est fondée uniquement sur la confiance envers les paroles et les enseignements reçus des aînés.

Pour grandir, la spiritualité a besoin de notre propre éveil, de nos expériences issues de nos pratiques, de nos erreurs, de nos chutes, de nos douleurs et de notre persévérance. Elle deviendra la nôtre, et rien ne pourra plus nous l'enlever. Cependant, il faudra que nous acceptions ce passage du doute, ce travail sans filet, parfois avec la peur au ventre de partir vers l'inconnu.

Si vous craignez de tomber dans le ravin, ne retirez pas ces deux roues supplémentaires.

21. DR JEKYLL & MR HYDE

Londres, 1886. Le Dr Jekyll est un philanthrope empreint de bienveillance envers autrui. Cependant, il dissimule un terrible secret: il est habité par un personnage maléfique et vicieux, Mr Hyde, qui croît en lui et le transforme au fil des années en un meurtrier impitoyable. Le Dr Jekyll consacre sa vie à élaborer un élixir permettant de se séparer définitivement de Mr Hyde afin de retrouver le bien qui réside en lui. Malheureusement, Hyde prend de plus en plus d'ampleur, menant Jekyll à se suicider. Le bien meurt avec le mal.

J'ai toujours pris plaisir à utiliser la littérature occidentale pour illustrer les concepts de la spiritualité orientale. Depuis notre enfance, l'influence religieuse nous pousse à lutter de toutes nos forces pour repousser le mal et favoriser le bien. C'est un excellent choix pour l'éducation morale de nos enfants, où la distinction entre le bien et le mal les aidera à bien débuter dans la vie et à devenir des individus aimants et responsables.

Cependant, à l'âge adulte, la complexité des relations humaines et leur évolution inévitable rend la frontière entre le bien et le mal de plus en plus floue. La pire conséquence du "formatage" de notre enfance est que nous nous positionnons souvent du côté du "bien" et considérons ceux qui pensent différemment comme étant du côté opposé. C'est une pensée dualiste, discriminante, source de divisions et de conflits.

Ainsi, en voulant éliminer la nuit, nous avons involontairement éradiqué le jour.

L'homme n'est pas mauvais envers l'homme. Il souffre simplement et choisit souvent la pire solution pour s'en sortir: la lutte contre son prochain. Il oublie que ce dernier n'est pas la cause de ses souffrances, contrairement au véritable coupable; c'est sa vision erronée qui obscurcit sa bienveillance.

La pensée non discriminante repose sur une autre dualité, non manichéenne, la dualité Yin-Yang. Ainsi, l'obscurité (Yin) et la lumière (Yang) sont indissociables. L'existence de l'une conditionne celle de l'autre.

C'est la première notion importante de la spiritualité orientale, celle qui conduit vers une vision équanime et la délivrance de l'esprit.

22. TUER: LE MAL ABSOLU?

Un lecteur m'a posé la question suivante: « J'ai lu votre publication sur "l'inséparable bien-mal". Je voudrais vous demander si tuer est bien ou mal? »

Sa question piège sous-entend « Quelle pourrait être la part du bien dans un crime? ».

Je lui ai répondu: « Même un enfant de 10 ans, s'il est bien éduqué, sait que tuer est mal. Cependant, pensez-vous que tous les soldats qui partent à la guerre pensent que tuer est mal? Non, ils estiment qu'ils défendent une noble cause (protéger leur pays contre l'envahisseur, lutter pour la liberté, combattre le terrorisme…) et se considèrent dans le camp du bien. Ce sont leurs ennemis qui sont dans le camp du mal. En revanche, si vous vous trouvez dans l'autre camp, vous penserez l'inverse. Ainsi, dans la complexité des rapports interhumains, le fait de « tuer » ne peut être clairement qualifié de bien ou de mal, n'est-ce pas? »

En fait, tout réside dans l'intention de l'acte. S'il est motivé par la compassion sans l'ombre d'un ego qui s'y cache, il peut même être un acte honorable, comme celui de tuer un dictateur comme Hitler pour sauver des millions de personnes dans des camps.

Ainsi, abstenons-nous de juger les actes d'autrui, même sur la base des valeurs morales « sûres », admises par tous. Car ce sont justement ces jugements de valeur qui créent de la discrimination et la haine de l'autre, avec souvent des morts innocents dans les combats idéologiques, lorsque chaque camp se donne le droit de tuer, persuadé qu'il est du bon côté.

L'histoire nous a démontré cela à travers des guerres de religions ou d'idéologies entre humains de cultures et d'éducations différentes. Dans une vraie spiritualité, le bien et le mal ne sont que des concepts humains, donc non absolus. Dans le bien, il y a du mal et vice versa. En voulant à tout prix « tuer le mal » selon ses propres principes, l'homme finit par « tuer le bien » qui est en lui.

Franchir cette dualité est le premier pas vers l'éveil.

23. NI BIEN, NI MAL

Récemment, lors d'un cours sur la spiritualité orientale, j'ai tenté d'expliquer à mon auditoire l'absence de manichéisme dans la dualité Yin-Yang, et cela semblait sérieusement les surprendre. En effet, nous avons l'habitude, depuis toujours, de raisonner dans une logique manichéenne: ceci est beau, ceci est laid; ceci est bien, ceci est mal… comme si la frontière qui les sépare est nette et incontestable.

Si cette vision était la réalité, les querelles et divisions entre humains, les problèmes éthiques n'existeraient pas, et les tribunaux pourraient être remplacés par des ordinateurs qui trancheraient facilement en consultant leur base de données « bien-mal » préétablie. Cette vision conceptuelle, très influencée par les religions, crée une sorte de moralité où tout ce qui ne s'y conforme pas devient « immoral » et mauvais.

La France est actuellement secouée par l'attentat de Conflans où un homme a assassiné un professeur en pensant que ce dernier avait insulté sa religion. Dans sa vision des faits, il est évident qu'il ne pensait pas que son acte était « mal », bien au contraire. Il pensait être dans le camp du « bien » en défendant son idéologie au risque de sa vie.

Tant que cette dualité persistera dans notre façon de penser et d'agir, nous ne sommes pas près de la paix dans le monde, où les querelles et guerres, basées principalement sur les intérêts des uns au détriment des autres, sont interminables entre « l'axe du bien » et « l'axe du mal ». Cette vision duelle occulte les différences de mentalité, de culture, d'éducation, d'histoires de vies… Elle prend référence sur la pensée des uns qui s'oppose à celle des autres, créant incompréhensions, intolérances et discriminations. Elle ne convient qu'à l'éducation des enfants lors de leurs premiers pas dans la vie car ils nécessitent des limites et des normes sociales. À l'âge adulte, nous avons besoin de nous éveiller vers une vraie spiritualité, avec une vision plus large et une compréhension plus profonde.

Après des heures d'explication sur le fait que les notions de « bien » et de « mal » sont intimement liées, que celles du « mal » doivent exister pour que celles du « bien » existent (s'il n'y a pas de nuit, il n'y aura pas de jour non plus), un participant me posait cette question: « Mais il est possible qu'un jour le bien triomphera et qu'il n'y aura plus de mal? ».

Comprenant qu'il évoquait un concept religieux, je lui ai répondu: « Dans tous les textes sacrés, lorsque Dieu reviendra juger les humains sur leurs actes, leurs paroles et leurs intentions, les bons seront récompensés et les mauvais punis, n'est-ce pas? S'ils sont punis, ils iront vers l'obscurité, loin de la lumière, ce qui veut dire que l'obscurité, le « mal », existera toujours, même lorsque la lumière, le « bien », triomphera! » Cette réflexion l'a plongé dans un moment de silence dubitatif, ni bien ni mal.

24. L'USURPATEUR DE L'AMOUR

Aujourd'hui, vous aimez une personne passionnément, comme si votre bonheur dépendait entièrement d'elle. Un jour, vous réalisez qu'elle ne partage pas vos sentiments, ne s'occupe pas de vous comme vous le souhaiteriez, qu'elle vous a trompé... et soudain, votre amour se transforme en dégoût, en haine, vous poussant à prendre la décision de la quitter.

Beaucoup de personnes vivent une situation similaire, mais leur amour se porte souvent sur des choses matérielles, comme l'argent, leur carrière... Elles deviennent aigries lorsqu'elles n'atteignent pas leurs désirs et jalouses de ceux qui y parviennent.

Ce que l'on a coutume d'appeler « amour » est en réalité un imposteur. Il partage la même nature que la « haine ». Ces deux sentiments sont les faces yin (obscurité) et yang (lumière) d'une même souffrance.

Leur vrai nom est « attachement ». Leur centre d'intérêt est notre « moi », notre ego: « Si vous m'aimez, je vous aimerai. Si vous me détestez, je vous détesterai. Je fais ce qui est bon pour moi, j'évite ce qui est mauvais pour moi, au détriment de notre bien-être à tous ».

« L'attachement » est rusé, car il doit réussir à vous tromper pour nourrir l'ego, son enfant. Il vous fait croire que vous êtes bon et généreux, prêt à vous sacrifier pour vos proches, pour les moins fortunés; que votre amour est altruiste, transcendant... et vous êtes si fier que vous continuez à faire croître votre « moi » pour le rendre de plus en plus visible.

Ainsi, vous continuez à souffrir par amour, à vous perdre entre beauté et laideur, existence et absence, espoir et désespoir, joies et peines... L'amour ne se situe pas à ces deux extrêmes. Il se trouve au milieu, là où le yin et le yang sont en parfait équilibre et se neutralisent. C'est le « point zéro », la Vacuité.

L'esprit vide est immense, englobant toute chose, de l'infiniment petit à l'infiniment grand. Cet amour-là est inégalable et inépuisable. Il ne peut engendrer de souffrance. Au contraire, il nous libérera de « l'attachement », son imposteur, omniprésent dans nos esprits endormis.

Cependant, notre condition humaine ne nous permet pas de vivre sans un minimum d'attachement.

L'essentiel est de ne pas le laisser devenir une condition indispensable à notre bonheur.

25. LE « DÉTACHEMENT » N'EST PAS LE REMÈDE À « L'ATTACHEMENT »

L'esprit ordinaire, ou l'esprit « attachement », fonctionne comme un appareil photo. Une fois qu'il a capturé l'image d'une personne ou d'un événement, il la considère comme un cliché figé dans le temps, pensant qu'elle ne se modifiera jamais. En prenant la photo d'un moment de bonheur, il oublie la possibilité du malheur futur. En immortalisant un visage ou un trait de caractère, il est surpris par le grand changement après des années sans contact. En se remémorant les bons souvenirs d'antan, il ressent de la tristesse face au constat que tout a changé, que le passé ne reviendra jamais, et cela engendre de la souffrance.

L'esprit « attachement » est constamment

tourmenté, désolé et aigri par son passé, tout en étant anxieux de son avenir. Pour échapper à cette détresse, il multiplie les prises de belles photos pour combler son vide, cherchant à créer des points d'accroche pour faire face aux situations défavorables. Lorsqu'il est saturé du monde qui l'entoure, rempli de juges, de traîtres et de personnes malveillantes, il peut aboutir à la solution du « détachement ».

L'esprit « détachement » est également comparé à un appareil photo, mais avec l'objectif fermé par un bouchon. Il trouve une paix temporaire et superficielle en ignorant les critiques et médisances des autres, restant aveugle devant des actes qui l'auraient révolté normalement. Indifférent à tout, il ne prête plus attention à ceux qui réussissent ou échouent autour de lui. Cependant, cette paix est éphémère. Lorsque le « moi » est encore dominant, il reste attaché aux sensations agréables et rejette celles qui lui sont désagréables. Il réclame la présence des autres autour de lui comme des planètes autour du soleil. Il risque également de devenir insensible à la souffrance d'autrui et à leurs besoins d'aide.

L'esprit « non-attachement » se positionne entre ces deux extrêmes. Il est comme un miroir qui reflète les choses telles qu'elles sont, constamment équanime, sans émettre de jugement sur ce qui est « bon » ou « mauvais ». Il prend toujours en compte les besoins de son entourage sans réclamer de retour. Contrairement à un appareil photo, il ne conserve aucune image une fois l'événement passé, permettant à ses émotions de se dissoudre. Cet esprit vit constamment dans le présent, en harmonie avec le concept du « ici et maintenant », sans ressentiment envers le passé ni angoisse pour l'avenir. C'est l'esprit de délivrance.

26. LE FAUX-VRAI ET LE VRAI-FAUX PÈRE NOËL

Lorsque nous apercevons un père Noël déambulant dans les galeries d'un supermarché pour distribuer des friandises aux passants, notre enfant intérieur a tendance à penser qu'il s'agit d'un faux père Noël. En effet, il peut parfois être trop maigre, trop jeune pour être authentique, et sa fausse barbe est souvent mal ajustée. Le vrai père Noël, quant à lui, réside au pôle Nord, entouré de ses lutins et de ses rennes.

À vrai dire, cette pensée avait déjà traversé mon esprit à un moment donné, suivie d'un « petit éveil » soudain: le vrai faux-père Noël (celui du supermarché) et le faux vrai-père Noël (celui de notre imaginaire) sont tous les deux faux. En fin de compte, ils ne diffèrent pas dans leur nature.

Si nous examinons profondément les conflits

mondiaux ou sociaux, nous constatons que les désaccords tournent toujours autour des affirmations considérées comme « vraies » pour certains et « fausses » pour d'autres. La tendance actuelle est de propager de fausses informations via les réseaux sociaux pour manipuler l'opinion publique.

À la longue, il devient difficile de discerner le vrai du faux. Et pourtant, nous persistons à nous forger des certitudes sur l'incertitude et à lutter pour des pseudo-vérités qui ne représentent que notre intime conviction. Ainsi, le monde souffre.

La réalité est que dans le vrai, il y a toujours une part de faux, et dans le faux, il y a toujours une part de vrai. Tout dépend du point de vue que nous adoptons.

Alors, pourquoi ne pas regarder au-delà de ce qui est vrai ou faux ?

En ce jour de Noël, le symbolisme du père Noël ne met-il pas en lumière l'innocence de l'enfance, où la magie perdure, où la confiance en l'impossible demeure ? N'est-il pas l'esprit du don, du partage, un peu de joie et de chaleur dans le froid de l'hiver ?

Examinons notre intériorité : le vrai-vrai père Noël (ou le faux-faux, les deux étant identiques) est toujours présent. Il nous invite à ouvrir notre porte à davantage de générosité, de fraternité, d'amitié et de partage.

En récompense, il offrira à notre enfant intérieur un Noël empli de joie et de paix, avec des cadeaux d'une valeur inestimable.

27. LA BONNE MÉDECINE DOUCE

Lorsque l'on aborde le sujet de la médecine douce, on pense immédiatement à des approches thérapeutiques telles que la phytothérapie, l'homéopathie ou l'acupuncture, réputées pour leurs effets bénéfiques sans provoquer d'effets secondaires importants. Cependant, le traitement en soi ne représente qu'une partie de la médecine. À ce sujet, je préfère éviter le terme de « médecine douce », en opposition à la « médecine dure » utilisant des médicaments chimiques et des techniques comme la chirurgie ou la radiothérapie. Je préfère plutôt parler de « médecine juste », qui commence par un diagnostic précis, suivi d'un traitement adapté à la maladie, qu'il soit « doux » ou « dur ». En effet, une médecine dite « douce » peut être néfaste si elle n'est pas appropriée à une maladie grave, tandis qu'une médecine dite « dure » peut sauver des vies sans créer de problèmes secondaires.

Pour cette raison, bien que la médecine soit une science, elle est également un art, où deux plus deux ne font pas nécessairement quatre, car d'autres facteurs entrent en jeu, tels que le terrain du patient (âge, sexe, antécédents médicaux, état général...), son mode de vie et son état mental.

Aujourd'hui, je souhaite partager ma vision d'une «bonne médecine douce». Avant tout, j'invite à délaisser l'aspect « traitement » de la médecine pour qu'elle redevienne holistique, c'est-à-dire qu'elle s'intéresse à l'individu dans sa globalité, en particulier à son mode de vie lorsqu'il est encore en bonne santé apparente.

Tout d'abord, une « bonne médecine douce » est une médecine « douce avec soi-même ». Voici ses règles d'or:

1. Aimer son corps: Certains patients expriment des paroles dures envers leur corps, se détestant ou se trouvant « trop gros». Cela peut mener à des régimes restrictifs sévères suivis de périodes de boulimie, le fameux « phénomène yoyo ». Mon premier conseil est de réapprendre à aimer et à respecter son corps. Aimer son corps signifie prendre soin de lui, le nourrir sainement et éviter les toxiques comme le tabac et l'alcool en excès. L'exercice physique régulier, même modéré, est également essentiel.

2. Vivre en harmonie avec les saisons: Suivre les principes Yin et Yang de la médecine orientale, en ajustant nos activités et notre alimentation selon les

saisons, contribue à maintenir l'équilibre et la santé.

3. Prendre soin de son esprit: Éviter les pensées négatives et pratiquer la respiration consciente, voire la méditation, sont des moyens de maintenir un esprit sain. Éviter les émotions fortes non exprimées, qui peuvent causer des maladies à long terme, est également crucial.

En outre, une « bonne médecine douce » est une médecine « douce avec les autres ». Éviter les paroles dures et violentes, favoriser la communication non violente et soutenir le bien-être mental des enfants sont des aspects essentiels de cette approche.

En conclusion, une bonne médecine douce vise à apporter épanouissement et bien-être au corps et à l'esprit malgré les défis liés au vieillissement et aux maladies.

Elle cherche également à établir des relations humaines harmonieuses, évitant ainsi la création de souffrances inutiles, sources de déséquilibres et de maladies.

28. SOURIEZ AU MOINS UNE FOIS PAR HEURE!

Un soir, une mamie de 88 ans est venue me consulter. Son visage ne reflétait pas le bonheur; au contraire, ses rides semblaient porter les marques d'un passé douloureux.

Elle m'a partagé avoir vécu son enfance pendant la Deuxième Guerre mondiale, où la crainte des bombardements avait semé en elle une insécurité persistante jusqu'à ce jour.

« Et pourtant », m'a-t-elle confié, « j'ai tout ce qu'il faut pour être heureuse: j'ai quatre enfants et sept petits-enfants, tous adorables, qui m'entourent d'affection chaque jour. Je ne manque de rien, mais je me sens toujours triste et malheureuse. Qu'est-ce que vous me prescrivez comme médicaments, docteur? »

« Voici votre ordonnance, madame: souriez au moins une fois par heure, tous les jours, sauf lorsque vous dormez! » Elle me regarda avec des yeux écarquillés d'étonnement: « C'est vrai que je me sentirai mieux? »

Sa petite-fille qui l'accompagnait avait saisi mon intention. Elle dit à sa grand-mère: « Commence à sourire dès maintenant, mamie! » Et la vieille dame m'offrit un grand sourire.

Elle était si belle et rayonnante, comme si son passé était oublié pendant un instant magique.

Dans la médecine traditionnelle chinoise, le sourire traduit la joie du mouvement Feu, lié au Cœur. Il ouvre la porte au bonheur transcendant, car le Cœur abrite l'Esprit qui communique avec le divin.

« N'oubliez pas de sourire au moins une fois par heure, mamie, et rendez-vous dans un mois, vous me donnerez de vos nouvelles! »

Quel que soit le résultat, la graine de joie était semée.

29. MÉDITATION: NE CHERCHEZ PAS LE BIEN-ÊTRE À TOUT PRIX!

La méditation du zen bouddhisme a fait son entrée en Occident dans les années 70, d'abord avec la méditation transcendantale, puis avec le programme de méditation de pleine conscience visant à réduire le stress (Mindfulness-Based Stress Reduction MBSR), développé par le biologiste Jon Kabat-Zinn. Celui-ci a adapté la pratique pour la rendre accessible aux Occidentaux, ancrés dans la quête constante du bonheur et de l'amélioration de leurs performances.

Cependant, cette adaptation a souvent conduit à une laïcisation de la méditation, la dépouillant de sa nature spirituelle originelle pour la transformer en un outil de bien-être mental, négligeant son objectif profond qui est la compréhension de la racine de la souffrance de l'esprit, seule voie menant à une paix intérieure inaltérable.

Le réveil de l'Occident a été abrupt lorsque des études récentes ont mis en lumière des effets secondaires de la méditation, notamment chez les personnes qui la pratiquent de manière intense. On a décrit des états d'euphorie, des douleurs physiques intenses, des visions, de la colère, de la peur, voire de la paranoïa. Ces symptômes sont familiers des récits bouddhiques et sont considérés comme des signes de progression pour le méditant.

Pour simplifier, la méditation originelle comporte deux phases: Samatha (le calme mental) et Vipassana (la vision pénétrante). On peut la comparer à un verre d'eau boueuse. Pendant la phase Samatha, en gardant l'esprit immobile et en se concentrant sur la respiration, la boue se dépose au fond du verre, rendant l'eau à nouveau transparente.

La phase Vipassana consiste, avec l'esprit clair, à observer le corps, ses sensations et perceptions, analysant leur impermanence et leur nature. Ce processus filtre la boue qui reste déposée au fond du verre.

Pendant cette phase, des ressentiments et des douleurs enfouis dans l'inconscient peuvent remonter à la surface, provoquant un mal-être pendant la méditation. La spiritualité orientale guide le méditant vers la pratique de l'esprit équanime, non discriminant. Il s'agit d'observer les sensations sans jugement, en adoptant la position d'un observateur extérieur.

La pratique de la méditation peut se poursuivre

dans la vie quotidienne en cultivant un esprit équanime : « Je n'attends pas systématiquement le bien-être, ni ne rejette le mal-être à chaque instant de ma journée. J'accepte les choses telles qu'elles se présentent ». Cet état d'esprit équanime incarne l'esprit zen, l'esprit de l'Ainsité : « Les choses sont juste ainsi ».

Plus nous nous entraînons à maintenir cet équilibre mental en toute circonstance, plus nous naviguerons aisément à travers les tempêtes de cette vie mouvementée et pleine d'inattendus.

30. L'INFINI COMPLEXITÉ DE LA CAUSALITÉ

Vous avez sûrement déjà vu une vidéo d'un inventeur "fou" (j'aimerais bien avoir sa folie 😊) qui fabrique une machine où chaque action déclenche une autre action, comme la chute d'un domino entraînant celle d'un autre. Ainsi, en mangeant sa soupe, il tire sur une ficelle, qui renverse un pot de fleur tombant sur un marteau qui tape sur un levier qui fait monter un seau, qui… Supposons que cette "machine" comporte une suite de mille actions, et qu'à la 120e action, la porte d'une cage s'ouvre laissant s'échapper un oiseau, dont le déploiement des ailes déclenche la 121e action. On peut difficilement deviner que l'oiseau a pu sortir de sa cage parce que cet homme avait mangé sa soupe quelques temps auparavant!

En 1972, Edward Lorenz, lors d'une conférence scientifique, a étonné l'auditoire par la question suivante: « Prédictibilité: le battement d'ailes d'un papillon au Brésil peut-il provoquer une tornade au Texas? » En effet, dans la nature, la multiplicité des facteurs pouvant agir sur un événement est infiniment plus grande qu'une action, si petite soit-elle, pourrait déclencher un phénomène sans commune mesure, à condition qu'elle soit exécutée au bon moment, lorsque tous les facteurs sont réunis pour permettre à ce dernier de se réaliser.

Revenons à l'homme et à son esprit, le domaine qui nous intéresse. Quand j'étais interne, lors des gardes aux urgences, j'étais souvent étonné devant les suicides de jeunes adultes suite à une simple déception sentimentale. J'avais décidé alors d'en faire mon sujet de thèse pour mieux comprendre la cause. J'avais découvert la complexité de l'esprit humain face aux événements qu'il avait vécus depuis son enfance. La déception sentimentale est juste la goutte d'eau qui fait déborder le vase, bien rempli de ressentiments, de déceptions et de frustrations, non vidé ni nettoyé depuis l'enfance.

Souvent, dans mes consultations, j'entends

les patient(e)s en souffrance me poser la question à laquelle je n'ai pas de réponse: « Pourquoi? », telles que:

- Pourquoi mes collègues sont si méchants avec moi?
- Pourquoi à moi seul(e) arrivent toutes ces injustices?
- Pourquoi m'a-t-il trompé, m'a-t-il laissé tomber malgré tout ce que j'ai fait pour lui?
- Pourquoi j'ai ce cancer alors que j'ai une vie saine?
- Pourquoi j'ai cette maladie auto-immune qui me pourrit la vie? …

Tout ce que je peux leur dire est que quelque chose s'est produit à un moment précis de leur vie, par exemple une parole malencontreuse à un mauvais moment, un conflit réglé dans une communication trop violente, une action qui déclenche une souffrance chez autrui, des émotions négatives renforcées par l'énergie d'habitude menant à la haine des autres, la détestation de sa propre image avec des sentiments de culpabilité… autant de facteurs si complexes à analyser que la seule réponse qui me semble convenable est: « les choses sont juste ainsi ».

Dans la spiritualité orientale, nous appelons cela le « karma », la suite d'une longue chaîne de causes à effets. Ce qui le différencie du « destin » est le fait que nous sommes également acteurs et non seulement spectateurs de notre destinée. Ainsi, nous pouvons agir sur notre futur, en réarrangeant convenablement notre présent.

Faisons comme Norbert, le chef cuisinier qui se lance le défi de réaliser un plat gastronomique à partir de ce que nous avons dans votre réfrigérateur, sans se poser la question pourquoi nous n'avons que ces ingrédients et rien d'autre. Il se contente d'utiliser ce qu'il a sous la main et réussit toujours son pari.

Aussi, transformons notre vie en choisissant d'appuyer sur le bon bouton ou d'actionner le bon levier. Comment saurions-nous que c'est le bon? C'est très simple, il suffit de lire les étiquettes en-dessous. Si nous voyons des mots tels que « amour », « compassion », « non-violence », « paix », « lâcher-prise » …, nous ne risquons absolument rien.

Je suis sûr que ces battements d'ailes de papillons vont provoquer dans notre vie des tornades de bonheur.

31. TOUT EN UN

Dans les temps anciens, l'empereur de Chine fit convoquer un célèbre peintre du royaume qui vivait retiré du monde dans une grotte sur la montagne, pour lui demander de réaliser une peinture d'un dragon sur le mur de la bibliothèque royale. Il souhaitait que ce dragon ne soit pas banal comme n'importe quel autre dragon réalisé jusqu'à ce jour. Le peintre lui demanda de lui donner du temps afin d'étudier la question.

Les mois passèrent et toujours pas de nouvelle du peintre. Chaque émissaire envoyé par le roi à la grotte où vit ce dernier reçut la même réponse: « Veuillez dire à sa Majesté que j'ai encore besoin de temps pour réaliser son dragon ».

Enfin, le grand jour arriva. Le peintre se prosterna devant le roi puis se tint debout devant le grand mur blanc de la bibliothèque royale. Soulevant son lourd pinceau avec une seule main, il exécuta d'un seul trait son œuvre en moins d'une minute. Le roi fut stupéfait car il s'attendait à un travail long et minutieux après tous ces mois d'attente et fit exécuter le peintre pour outrage.

Pendant les semaines qui suivirent la mort de ce dernier, le roi se tourmenta jours et nuits. En cherchant à comprendre son geste, il se rendit à la grotte où vivait le peintre. Dès qu'il eut franchi l'entrée, le roi aperçut sur les parois de pierre deux magnifiques dragons aux couleurs flamboyantes et il pensa avec stupéfaction : « Pourquoi ne m'avez-vous pas peint ces dragons ? Je vous aurais couvert d'or ! ». Plus il avança dans la grotte, plus les dragons sur les parois furent simplifiés : de moins en moins de couleurs, de moins en moins de détails.

Arrivant vers le lit du peintre, le roi aperçut un dragon peint d'un trait unique, semblable à celui qui avait été réalisé sur le mur de la bibliothèque royale. Il s'assit sur le lit et contempla la peinture. Ce dragon lui sembla vivant, le regardant avec des yeux perçants et bougeant suivant les rayons lumineux qui pénétrèrent dans la grotte. Et il comprit tout à coup qu'il s'agissait d'un chef-d'œuvre, bien au-dessus de tous les dragons qu'il avait pu voir jusqu'à ce jour.

Ainsi, les sages qui consacrent leur vie à leur quête spirituelle réduisent leurs enseignements à très peu de paroles, voire au silence si nécessaire.

L'expression zen, « le silence foudroyant », m'avait secoué lorsque je l'ai enfin comprise.

L'illumination jaillit comme un éclair, suivi d'un tonnerre assourdissant, dans le silence du recueillement.

Ne la cherchez pas au ciel.

Ni à l'extérieur.

Ni à l'intérieur.

32. L'IMPORTANCE DU « POINT ZÉRO »

Notre esprit est comparable à une balance.
Théoriquement, lorsqu'il se trouve dans un état neutre (ni joie, ni peine), l'aiguille devrait se situer au point zéro. Lorsqu'il est satisfait et joyeux, l'aiguille penche du côté positif. En revanche, lorsqu'il est frustré et triste, l'aiguille bascule du côté négatif.

Cependant, à force de subir les tempêtes émotionnelles de notre vie quotidienne sans un minimum de réglage, notre balance se dérègle et reste souvent bloquée ailleurs qu'au point zéro.

Que se passe-t-il si elle se bloque du côté positif? Notre esprit devient semblable à un enfant à qui l'on donne un bonbon chaque jour. Son point zéro est «

zéro bonbon ». Ainsi, il est satisfait s'il en reçoit un, car « un bonbon » équivaut à +1, faisant pencher sa balance du côté positif. Cependant, si cet enfant reçoit deux bonbons chaque jour et qu'un jour il n'en reçoit qu'un, il sera mécontent. Pourquoi? Parce que son point zéro était « deux bonbons », donc « un bonbon » équivaut à -1, inclinant sa balance du côté négatif.

Un jour, en passant devant un magasin de gadgets liquidant tout son stock à -50% avant sa fermeture définitive, j'ai observé les gens se bousculer, vider les rayons et remplir leur caddy d'objets inutiles simplement parce que la convoitise était allumée par une frénétique envie de possession. Ce « côté positif » a un nom: l'avidité. Un esprit nourri par l'avidité est insatiable, indépendamment de sa condition de vie.

Nous sommes tous étonnés de voir des multimillionnaires arrêtés pour fraude fiscale, alors que leur richesse pourrait les faire vivre aisément pendant plusieurs vies. Leur « point zéro » est si décalé vers les centaines de millions qu'en perdre quelques dizaines leur semble insupportable, les poussant à prendre des risques de tout perdre et à basculer dans la souffrance.

Cependant, il n'y a pas que les autres qui sont avides. Il suffit de regarder au fond de nous-mêmes pour constater que l'aiguille de notre balance est également bloquée du côté « plus », toujours plus, plus, plus...

Que se passe-t-il si elle se bloque du côté négatif? Je reçois fréquemment des patients qui semblent prisonniers de leur passé, comme si les souffrances qu'ils ont vécues les condamnaient à ne jamais atteindre le bonheur. Ils aiment ressasser, analyser leur enfance, leur adolescence, leurs problèmes et conflits, encore et encore. L'aiguille de leur balance est bloquée à -100, les rendant incapables de profiter des moments à +10, +20, même à +90… qui surviennent dans leur vie, car le score total restera toujours négatif.

Ce « côté négatif » a un nom: l'ignorance. L'esprit se voue entièrement au service de l'ego et vit recroquevillé sur lui-même.

Ainsi, l'entraînement de l'esprit à l'éveil consiste à revenir constamment vers le « point zéro », que l'émotion soit positive ou négative.

Plus vous revenez fréquemment à votre « point zéro », plus votre vie sera sereine. « Un esprit qui oscille peu dans un monde constamment en mouvement » est l'une des clés du bonheur.

33. AUTOUR DES FEUILLES DE MAÏS

Madame A. était très énervée. Son terrain jouxtait celui d'un agriculteur « économe jusqu'à 50 cm de terre » qui plantait son maïs tout près de sa clôture.

« Et chaque année, lorsqu'il coupe son maïs, un épais tapis de feuilles tombe sur mon terrain », me racontait-elle avec des yeux remplis de colère.

« Je me suis approchée de ma clôture et je vous assure qu'il a bien entendu tout ce que j'avais sur le cœur! ».

Et elle en avait gros: irritabilité, troubles du sommeil, maux de tête…

« Si vous changiez de vision en pensant que chaque année, il vous offre du compost gratuitement, en grande quantité et livré à domicile, ce ne serait pas mieux? »

« C'est vrai, mais ce n'est pas une culture biologique! »

« Et pourtant, on continue à manger ses maïs sans problème, donc ses feuilles ne doivent pas être nocives pour votre terre! »

« Effectivement, penser comme cela… »

« Eh oui, faites la paix avec votre voisin, vous y gagnerez beaucoup plus! Déjà la tranquillité d'esprit, le sommeil et la santé. Un jour, amenez-lui un plat que vous avez cuisiné ».

« Je viens de faire plein de gâteaux pour offrir à mes voisins pour les fêtes! »

« Mais pas pour lui? »

« Non, pas pour lui! »

« Offrez-lui quelques gâteaux, je suis sûr que c'est beaucoup plus efficace que de crier. Faites la paix avec votre voisin ».

Finalement, nous avons bien ri lors de cette dernière consultation de l'année, autour des feuilles de maïs.

Chaque événement a toujours deux faces, lumineuse (Yang) et obscure (Yin). Nous avons souvent tendance à mettre en avant leur noirceur et encombrons notre esprit de ressentiments, de colères et de frustrations.

Essayons, devant un événement malheureux de notre vie, de chercher son côté lumineux et nous verrons que la chance nous sourira à chaque instant.

34. UN MONDE AMICAL

La première fois que j'ai lu ce livre, je ne comprenais vraiment pas pourquoi Saint-Exupéry avait fait atterrir le Petit Prince dans un désert aride et dépeuplé lorsqu'il arriva sur la planète Terre. Il ne pouvait converser qu'avec un serpent et « une fleur de rien du tout », alors que la Terre possédait de si grandes villes peuplées de monde, beaucoup plus joyeuses et sympathiques. Voici ce passage:

« *La Terre n'est pas une planète quelconque! On y compte cent onze rois, sept mille géographes, neuf cent mille businessmen, sept millions et demi d'ivrognes, trois cent onze millions de vaniteux, c'est-à-dire environ deux milliards de grandes personnes. [...]*

Le petit prince, une fois sur terre, fut donc bien surpris de ne voir personne. [...]

– Où sont les hommes? reprit enfin le petit prince. On est un peu seul dans le désert...

– On est seul aussi chez les hommes, dit le serpent."

Le petit prince traversa le désert et ne rencontra qu'une fleur. Une fleur à trois pétales, une fleur de rien du tout...

– Bonjour, dit le petit prince.

– Bonjour, dit la fleur.

– Où sont les hommes? demanda poliment le petit prince.

La fleur, un jour, avait vu passer une caravane:

– Les hommes? Il en existe, je crois, six ou sept. Je les ai aperçus il y a des années. Mais on ne sait jamais où les trouver. Le vent les promène. Ils manquent de racines, ça les gêne beaucoup.

– Adieu, fit le petit prince.

– Adieu, dit la fleur. [...]

Le petit prince fit l'ascension d'une haute montagne. Les seules montagnes qu'il n'eût jamais connues étaient les trois volcans qui lui arrivaient au genou. Et il se servait du volcan éteint comme d'un tabouret. « D'une montagne haute comme celle-ci, se dit-il donc, j'apercevrai d'un coup toute la planète et tous les hommes... » Mais il n'aperçut rien que des aiguilles de roc bien aiguisées.

– Bonjour, dit-il à tout hasard.

– Bonjour... Bonjour... Bonjour... répondit

l'écho.

– Qui êtes-vous? dit le petit prince.

– Qui êtes-vous... qui êtes-vous... qui êtes-vous... répondit l'écho.

– Soyez mes amis, je suis seul, dit-il.

– Je suis seul... je suis seul... je suis seul... répondit l'écho.

« Quelle drôle de planète! pensa-t-il alors. Elle est toute sèche, et toute pointue et toute salée. Et les hommes manquent d'imagination. Ils répètent ce qu'on leur dit... Chez moi j'avais une fleur: elle parlait toujours la première... » [1]

Il existe en fait deux mondes: celui « tel qu'il est » avec ses joies et ses peines et celui « tel que nous le percevons », qui change selon nos émotions. Si nous sommes heureux, joyeux, le monde paraît comme un bijou rare, d'une telle beauté qui nous fait vibrer. Si nous sommes anxieux, tristes, ou avons peur, il nous apparaîtra menaçant, désertique ou réellement malade.

La peur est la pire des émotions. Lorsque nous avons peur, nous devenons méfiants vis-à-vis des autres. Nous mettons en doute leur sincérité, comme si la gentillesse gratuite est toujours douteuse, à moins que la personne soit naïve ou idiote et ne sache pas ce qu'elle fait réellement.

Avec la peur au ventre, nous voulons montrer aux autres que nous ne craignons rien et sommes prêts à aller à la guerre, jusqu'au bout, pour combattre toute

---

1 Extrait du livre « Le Petit Prince » de St Exupéry

injustice commise à notre égard.

Ce comportement est juste un masque qui nous fait croire que nous sommes forts, nous fait oublier un moment notre manque de confiance en nous-même, notre peur du regard et des jugements d'autrui. Elle est notre ego, qui réclame sans cesse de l'attention, du respect, de la fidélité, de la loyauté, de la vérité, de la justice…mais qui reste affamée malgré tout, car le monde autour ne semble pas prêt à changer pour elle, et elle souffre.

De plus, les guerres et conflits que nous avons créés avec notre entourage laissent des conséquences souvent désastreuses pour notre avenir. Nous avons semé le vent, mais nous avons peur de récolter la tempête. Le monde nous paraît alors de plus en plus menaçant.

Si vous êtes dans ce cas, mon premier conseil est de « déposer les armes » et d'enlever votre « gilet pare-balles ». Les guerres font monter la violence, laissent des cicatrices indélébiles, entretiennent la haine et la peur. Un monde sans arme, sans violence peut vous paraître à première vue comme dangereux, voire utopique. Et pourtant, faites vous-même l'expérience pendant quelques mois: ne blessez plus personne, ni en paroles, ni en actions, voire même en pensées.

Faites fondre votre ego, devenez carrément naïf, acceptez les torts et changez votre comportement en mettant la compassion en avant. Vous verrez comment il est heureux de vivre dans un monde amical, en dansant avec les loups et en nageant avec les requins.

Je vais terminer ce chapitre du désert par une phrase adressée par le Petit Prince à St Exupéry en quittant la terre pour revenir vers sa planète : « *Tu regarderas, la nuit, les étoiles. C'est trop petit chez moi pour que je te montre où se trouve la mienne. C'est mieux comme ça. Mon étoile, ça sera pour toi une des étoiles. Alors, toutes les étoiles, tu aimeras les regarder... Elles seront toutes tes amies.* »

Et notre monde deviendra un monde amical !

35. QUE CHERCHONS-NOUS?

Voici un passage du « Petit Prince » de St Exupéry que de nombreuses personnes ignorent:

« – Bonjour, dit le petit prince.
– Bonjour, dit l'aiguilleur.
– Que fais-tu ici? dit le petit prince.
– Je trie les voyageurs, par paquets de mille, dit l'aiguilleur. J'expédie les trains qui les emportent, tantôt vers la droite, tantôt vers la gauche.

Et un rapide illuminé, grondant comme le tonnerre, fit trembler la cabine d'aiguillage.

– Ils sont bien pressés, dit le petit prince. Que cherchent-ils?
– L'homme de la locomotive l'ignore lui-même, dit l'aiguilleur.

Et gronda, en sens inverse, un second rapide illuminé.

– Ils reviennent déjà? demanda le petit prince...
– Ce ne sont pas les mêmes, dit l'aiguilleur. C'est un échange.
– Ils n'étaient pas contents, là où ils étaient?
– On n'est jamais content là où l'on est, dit l'aiguilleur ».

Ce passage illustre bien la grande détresse de notre époque. Nous vivons « la tête dans le guidon » et avons accumulé beaucoup de biens matériels au cours de notre vie, réussi plusieurs objectifs de jeunesse. Et pourtant, nous ne sommes pas satisfaits de nos conditions. Pire, nous ne savons même plus ce que nous désirons pour être bien dans notre peau, pour être heureux.

Le bonheur semble être dans le camp des riches, qui n'ont pas de souci matériel et ont un confort de vie envié de tous. Cependant, nous savons que l'argent ne les protège pas des problèmes sentimentaux, des conflits familiaux, des déboires avec la justice... Il peut même entraîner beaucoup de personnes vers des pertes immenses.

Le bonheur semble également être dans le camp des stars de cinéma ou de la chanson, des vedettes de télévision, qui sont adulées, respectées, suivies par des millions de personnes. Pourtant, beaucoup d'entre eux sont accablés par la tristesse et la dépression. Certains vont même jusqu'à se suicider, ou se noyer dans l'alcool et la drogue.

Si le bonheur n'est ni dans la richesse, ni dans la célébrité, serait-il alors dans la famille? Dans les enfants? Dans l'amour? Dans la santé? La réponse semble difficile: les familles peuvent se séparer, les enfants peuvent être la cause de nombreux soucis, l'amour peut être suivi de trahison et d'abandon, la santé n'est jamais parfaite…

Nous pouvons continuer à chercher, à partir dans tous les sens, comme les trains de l'histoire du Petit Prince. Un jour, nous finirons par poser cette question fondamentale pour notre vie: le bonheur existe-t-il réellement en dehors des moments de joies éphémères? Tout passe, tout lasse.

Seule notre nature originelle est immuable et éternelle. Ce n'est pas la peine de chercher partout ailleurs. Nous sommes le bonheur.

Lorsque notre esprit est connecté avec notre « Grand-Moi » (ou « Grand-Tout »), nous sommes dans la plénitude.

L'amour, le bonheur sont notre nature ultime. Nous sommes des milliardaires et n'avons besoin de rien de plus que ce que la vie nous réserve. Nous vivons pleinement chaque instant de notre vie.

Le problème est notre ego, le « petit-moi » qui se croit pauvre et passe ainsi sa vie à combler son vide de façon insatiable: argent, pouvoir, renommée, plaisir, respect, sentiment, justice... pour soi. Plus nous en avons, plus notre besoin grandit. C'est comme si nous buvons de l'eau de mer pour étancher notre soif.

Être heureux n'est pas si compliqué. Il faut simplement s'éveiller, s'élever, sortir des frontières de l'égoïsme et faire les bons choix.

36. UN TEMPS POUR CHAQUE PAS

Donnons-nous

Un temps pour travailler, un temps pour se reposer,

Un temps pour les biens matériels, un temps pour le bien-être spirituel,

Un temps pour s'inquiéter, un temps pour s'abandonner,

Un temps pour pleurer, un temps pour cicatriser,

Un temps pour parler, un temps pour se recueillir,

Un temps pour aller vers les autres, un temps pour revenir vers soi,

Un temps pour s'appliquer, un temps pour s'amuser,

Un temps pour réfléchir, un temps pour tout lâcher,

Un temps pour croire, un temps pour chercher à comprendre par soi-même,

Un temps pour suivre les règles, un temps pour en inventer,

Un temps pour enseigner, un temps pour apprendre,

Un temps pour combattre et un temps pour aimer.

Le renard d'Antoine de St Exupéry enseignait au Petit Prince: « C'est le temps que tu as perdu pour ta rose qui fait ta rose si importante ».

Aussi, donnons-nous

Un temps pour apprivoiser et un temps pour l'être.

Cependant, ne nous pressons pas!

Donnons du temps au temps…

37. BARRIÈRE SANS PORTE

Un des livres zen les plus célèbres s'intitule « Barrière sans porte » (Wu Men Guan 無門關). C'est un recueil de 48 koans zen compilés, publié en 1228 par le moine chinois Wu Men (無門) (1183-1260).

Un koan est souvent une question absurde ou une histoire de conversation entre deux maîtres zen, complètement dénuée de sens pour le profane non initié. Chaque koan est en fait une clé qui ouvre une porte vers l'éveil à un niveau de plus en plus élevé. Cependant, bien que chacun d'eux soit une barrière non fermée par une porte, peu de personnes peuvent la traverser. C'est comme si les voyageurs venant de tout horizon s'arrêtaient devant un panneau d'avertissement: « Celui qui veut traverser ce passage doit laisser tous ses bagages: connaissances, opinions, préjugés, vision conceptuelle et peut même perdre sa vie! ».

Nombreux d'entre nous espèrent vivre un changement important dans leur vie, voire un total renouveau. Cela dit, lorsqu'il faut changer notre façon de penser et de voir les choses, d'analyser les événements de façon neutre et équanime, nous refusons souvent de quitter nos habitudes, nous réfugiant derrière tout notre conditionnement depuis l'enfance: éducation, mentalité, religion, tradition…

De ce fait, bien que nous fassions beaucoup d'efforts pour améliorer nos vies et nos relations avec autrui afin de sortir de nos souffrances, les résultats ne sont pas toujours à la hauteur de nos espérances. Serions-nous prêts à déposer tous ces encombrants bagages ici pour franchir cette barrière sans porte, aujourd'hui?

Le maître zen Wu Men avait écrit dans la préface du livre: « La grande voie n'a pas de porte. Il y a mille chemins qui y mènent. Celui qui arrive à franchir cette porte de la Vacuité, se promènera librement entre Ciel et Terre ».

38. LE VIDE ET LE PLEIN, LE VISIBLE ET L'INVISIBLE (1)

Dans son ouvrage « Physique », au livre IV, Aristote, philosophe de l'Antiquité, nie l'existence du vide et affirme son incompatibilité avec le mouvement. Il a déclaré que « La nature a horreur du vide ». Dans ce débat philo-scientifique de son temps, Parménide, son adversaire, pense que « si le vide est le rien, il ne peut exister ». Donc, si le vide existe, il doit être plein.

Edgard Gunzig, professeur de physique théorique à l'Université libre de Bruxelles, et Isabelle Stengers, philosophe scientifique, ont écrit dans leur ouvrage

« Le vide »: « Aujourd'hui, le vide n'est pas le rien. Il serait même l'acteur central de l'histoire de la matière et de l'Univers, le partenaire privilégié de la physique. Vide et matière ne sont plus deux manifestations séparées de la nature mais deux aspects d'une même réalité. »

Six cents ans avant notre ère, Lao Zi, le père du taoïsme, avait expliqué dans le « livre de la Voie et de la Vertu » (Dao De Jing): « Trente rais se réunissent autour d'un moyeu. C'est de son vide que dépend l'usage du char. On pétrit de la terre glaise pour faire des vases. C'est de son vide que dépend l'usage des vases. On perce des portes et des fenêtres pour faire une maison. C'est de leur vide que dépend l'usage de la maison. C'est pourquoi l'utilité vient de l'être, l'usage naît du non-être. »

Ainsi, la « forme / matière » (Yin) et la « non-forme / vide » (Yang) sont les deux aspects inséparables d'une même réalité. Leur opposition n'est pas manichéenne. L'eau sous forme liquide est visible, donc Yin. Lorsqu'elle s'évapore sous forme de gaz, elle devient invisible, donc Yang.

Le Yin descend sous forme de pluie (la non-forme devient forme), le Yang monte sous forme de vapeur (la forme devient non-forme). Rien ne se perd, rien ne se crée, tout se transforme. Nous assistons ainsi à des « petites morts » de H_2O, qui ne sont en réalité que ses transformations.

Le cycle de mutation entre Yin et Yang ne s'arrête jamais. La « forme » est la « non-forme » et vice versa.

Si nous ne voyons que la « forme » et pas la « non-forme », notre vision n'est pas encore subtile.

Mais si nous arrivons à voir la « forme » dans la « non-forme » et la « non-forme » dans la « forme », notre vision devient subtile.

Prenez le temps de comprendre cela, et vous entrerez dans un univers insoupçonnable, avec des leçons de vie d'une valeur inestimable.

39. LE VIDE ET LE PLEIN, LE VISIBLE ET L'INVISIBLE (2)

Dans un article du magazine scientifique Symmetry, le physicien Ali Sendermier offre un bel aperçu du vide de l'univers.

Notre corps est constitué de milliards d'atomes. Étymologiquement, le mot « atome » vient du grec « atomos » qui signifie « indivisible ». Cependant, depuis le début du 20e siècle, plusieurs expériences mettent en évidence l'existence de différentes particules constituant l'atome: les protons (chargés positivement) et les neutrons (qui ne sont pas chargés) situés dans le noyau, ainsi que des électrons, chargés négativement, qui gravitent autour du noyau et constituent le « nuage électronique » de l'atome.

Il existe un vide entre le noyau de l'atome et son nuage électronique, qui est 100 000 fois plus grand que lui. Ainsi, si le noyau a la taille d'un haricot, son nuage serait au minimum aussi grand qu'un stade de baseball. Si tout ce vide disparaît, le corps humain serait réduit à la taille d'un grain de poussière et l'humanité entière avec ses 7 milliards d'individus tiendrait dans un morceau de sucre.

En effet, nous tous, ainsi que notre immense univers, sommes constitués de 99,9999999% de vide. En ce moment même, nos doigts n'ont jamais touché le clavier d'ordinateur et notre siège n'a jamais soutenu nos muscles fessiers. Ce que nous percevons est juste la force électromagnétique de répulsion entre les différents électrons de la matière.

Si presque tout est vide, comment pouvons-nous peser 70 kg? La réponse est énergétique! En effet, les protons et neutrons sont constitués par des particules élémentaires, les quarks, liés très fortement entre eux par des gluons. C'est cette force d'attraction qui donne la masse et la visibilité à la matière.

Si nous ne pouvons pas traverser les murs, c'est parce que le vide n'a jamais été vide! Il est rempli d'énergie sous forme d'ondes, de champs magnétiques invisibles. C'est grâce à cela que nous pouvons voir et toucher notre environnement.

Les progrès de la physique quantique nous rapprochent des bases de la spiritualité orientale. Ainsi, ce que nous pensons appréhender avec nos sens n'est pas réellement ce qu'il est. Nous voyons juste une illusion visible créée par un agencement de l'invisible, dont la nature, illusoire, ne peut être permanente. En effet, la mutation entre le visible et l'invisible étant perpétuelle par sa nature énergétique, tout objet matériel n'est en réalité qu'un phénomène temporel.

Seule une vision subtile peut voir sa vraie nature, un vide immobile et immuable, dénué de tout concept. Le Taoïsme l'appelle « Dao ». Le bouddhisme l'appelle « Vacuité ».

40. LE VIDE ET LE PLEIN, LE VISIBLE ET L'INVISIBLE (3)

Lorsque l'on compare la peinture traditionnelle asiatique (chinoise, coréenne, japonaise et vietnamienne) et celle des peintres occidentaux, le détail qui frappe la vue est le Vide omniprésent dans la première et toujours absent dans la seconde.

Ce Vide intentionnel revêt une importance capitale dans le dynamisme de la peinture asiatique. En effet, il est seulement vide « visuellement », mais sa nature est remplie d'énergie vitale, le Qi, qui dynamise l'espace et le temps. Il permet la libre circulation du regard de l'observateur qui n'est plus limité dans le cadre de l'œuvre. Ainsi, lorsque ce dernier contemple le ciel non peint, il peut le « voir » au-delà des limites du tableau, car son esprit part vers des horizons lointains avec son regard imaginaire qui se prolonge.

La mutation de toute chose implique des interactions et des échanges avec l'environnement qui l'entoure. C'est dans l'espace vide que ces échanges pourront se faire. Sans lui, chaque chose occupera sa place définie dans un espace plein, sans aucun dynamisme possible.

Le point d'acupuncture est une belle illustration de l'énergie du Vide dans le corps humain. Son idéogramme est 穴 (« Xué ») qui signifie littéralement « Caverne ». Il se situe souvent près d'une articulation, entre l'insertion d'un tendon sur l'os ou dans un interstice entre deux muscles. Idéalement, il ne contient ni vaisseau, ni nerf, ni muscle, ni tendon. Plus il est vide, plus son énergie est puissante.

De même, dans les relations humaines, la distance entre les individus leur permet d'évoluer et d'interagir entre eux. Sans cette distance, cet espace de liberté individuel, les relations s'asphyxient et finissent par se rompre pour permettre à chaque protagoniste de respirer à nouveau. Ainsi, respectons cette distance indispensable dans un couple en évitant les méfiances, les surveillances, les crises de jalousie incessantes qui étouffent l'amour. Si nous sommes parents, laissons à nos enfants la liberté de penser, de créer et de découvrir de nouveaux horizons, même s'ils se situent au-delà de notre compréhension.

Voilà, maintenant vous savez (presque) tout sur le Vide. Il n'est pas un concept qui s'oppose au « Plein » car il EST plein. Cette vision non-opposante est la base de la réalité non-duelle de la spiritualité orientale.

Le cheminement spirituel nous éveillera sur le « non-soi », un « vide du soi » qui ne réduit pas le soi au néant, bien au contraire. L'absence d'ego permettra à chacun de se connecter au « Grand Tout », à la Vacuité originelle, comme les vagues qui reviennent vers l'océan. Elles se rendent compte alors qu'elles ne sont pas que «vagues », mais entièrement « l'Océan ».

41. LA PENSÉE GUIDE L'ÉNERGIE

Si vous me lisez régulièrement, vous savez maintenant que tout est énergie, même la matière. Il existe des formes d'énergie subtile dont on oublie souvent l'existence, comme celle des émotions. En effet, la colère décuple notre force, la joie nous pousse à aller vers les autres, la tristesse nous fait préférer l'isolement et la peur nous paralyse ou nous donne des forces dans les jambes pour nous enfuir. Cette énergie des émotions est guidée par la pensée.

Vous avez sûrement fait l'expérience plus d'une fois: le dimanche, au réveil, il suffit de penser à la joie d'une journée de balade avec les amis pour vous faire bondir hors du lit. Par contre, rien que la pensée d'une journée de travail harassante qui vous attend suffit à vous fatiguer avant de la commencer. Une pensée à une personne aimée est comme un rayon de soleil qui illumine l'instant et fait frissonner votre cœur.

Une pensée à un individu détesté ou à une offense fait monter la colère comme un feu de forêt prêt à tout dévorer sur son passage.

En Médecine Orientale, nous disons que c'est « le Yi (la pensée) qui guide le Qi (énergie) ». Si la pensée est claire, compassionnelle, l'énergie sera positive et bienveillante. Elle nourrit, épanouit et peut parfois guérir.

Si la pensée est tourmentée, haineuse, pleine de ressentiments, l'énergie sera nocive et malveillante. Elle détruit, fait régresser et peut provoquer des maladies.

Ainsi, nos pensées sont nos ami(e)s ou nos ennemi(e)s, nos maux ou nos soignants. Nous sommes les premiers à nous faire du mal, bien avant ceux que nous accusons. Nous sommes également les premiers à nous soigner, bien avant l'intervention des médecins.

Lors des cours d'acupuncture, j'insiste toujours sur l'intention à mettre dans chaque aiguille posée. Plus on y met de la compassion, plus la puncture sera efficace. C'est la meilleure façon de « planter les clous, à la mode de chez nous ».

La bonne énergie offerte aux autres n'est jamais perdue. Elle est comme la flamme d'une bougie qui reste intacte après des milliers de partages. Ne bloquez pas votre pensée sur des exigences de l'ego (respect ou équité en retour, justice ou gratitude exigée…). Si vous perdez quelques fois, vous en gagnerez cent fois plus.

Aussi, changeons souvent de vêtements à nos pensées. Habillons-les en couleurs, jetons les haillons du passé à la poubelle.

Cultivons une pensée confiante en ce que la vie nous réserve, optimiste et aimante. Vous verrez qu'avec le temps, même votre aspect physique extérieur va changer. Il va rayonner et tout le monde remarquera sa transformation.

C'est l'effet de l'énergie sur la matière.

Selon le Dao De Jing, « jusqu'à la fin de sa vie, [l'homme réalisé] n'est exposé à aucun danger ».

42. L'HARMONIE INTÉRIEURE

Le corps humain possède des capacités extraordinaires, dont celle de maintenir une homéostasie. Cela signifie que tout déséquilibre entraîne immédiatement la mise en place d'une régulation interne afin de rétablir son équilibre physiologique.

Il adapte ses taux d'hormones et utilise toutes ses ressources disponibles pour garder ses constantes biologiques, notamment sa température corporelle, inchangées. Il mobilise son système immunitaire pour protéger l'organisme contre des invasions extérieures (bactéries, virus…) et ses ennemis intérieurs, les cellules «mutantes» qui tentent d'échapper à son contrôle pour devenir cancéreuses.

On peut ainsi comparer le corps humain à une ville fortifiée où les habitants vivent dans une certaine harmonie, avec des soldats qui surveillent tout trouble venant de l'extérieur ou de l'intérieur. Pour identifier ces menaces, tout ce qui est reconnu comme « soi » ou « pro-soi » est préservé. Par contre, tout ce qui est reconnu comme « anti-soi » est neutralisé.

Cependant, cette merveilleuse machine peut dérailler et considérer le « soi » comme ennemi. C'est le cas des maladies auto-immunes dans lesquelles l'organisme élabore des auto-anticorps contre ses propres constituants (glandes, muscles, noyaux cellulaires, ADN…). D'autre part, elle peut tolérer les « anti-soi » comme les cellules « mutantes », les laissant évoluer en maladies cancéreuses sans les éliminer.

Par ailleurs, il y a également des maladies appelées « auto-inflammatoires », dans lesquelles les articulations ou les intestins « s'enflamment » sans raison apparente. Si la médecine connaît parfaitement ces maladies, leur évolution et leurs traitements, elle est encore ignorante quant à leurs origines.

Voici un texte extrait d'un livre de référence de la médecine traditionnelle chinoise, dont l'origine remonte à plus de 3000 ans, le « Classique de l'Empereur Jaune – Les Questions Essentielles » : *« Les Sages de la Haute Antiquité apprenaient, par le calme et la concentration, à maintenir leur énergie naturelle dans la docilité, à bien contenir leur esprit à l'intérieur de telle sorte que les maladies soient sans prise. Grâce à la restriction des appétits et à la contention des velléités, le cœur demeure paisible et sans émoi, le corps travaille sans s'épuiser, l'énergie suit un cours régulier et chacun d'eux est satisfait. Appréciant leur nourriture, contents de leur vêtement, joyeux dans leur médiocrité, sans envie pour de plus hautes conditions, les gens étaient ce qu'on appelle «simples ». Aucune cupidité ne ternissait leur regard, aucun dérèglement n'atteignait leur cœur car ils se conformaient au Dao. Ils atteignaient cent ans sans que leur activité se lasse car leur vertu était sans défaillance».*

Bien sûr, ce texte appartient à une époque où la science n'existait pas encore, ou du moins n'apportait pas les réponses qu'elle nous offre aujourd'hui. Il n'a donc pas vocation à prouver une quelconque origine de telle ou telle maladie, ni à nier les progrès de la médecine moderne. Il souligne simplement l'importance capitale de notre harmonie intérieure sur notre santé.

Lorsque le « soi » ou l'ego n'a pas besoin de lutter contre ses ennemis, n'ayant pas de frontières avec les autres, les émotions sont apaisées, les pensées sont fluides, l'énergie circule sans obstacle ni stagnation.

Dès lors, hormis les facteurs constitutionnels ou un environnement trop hostile, notre organisme ne laissera aucun terrain favorable au développement de ces maladies « autodestructrices ».

43. EN SOMME, QU'EST-CE QUE NOTRE VIE?

Notre vie est comme une boule de pâte. Nous pouvons en faire beaucoup de petits pains, ou une belle brioche si nous y mettons du beurre (et même quelques pépites de chocolat), un fond de tarte ou de beaux gâteaux ...

Avec de l'imagination et un peu de sel, nous pouvons créer toutes sortes de rêves.

Cependant, il faut retrousser ses manches, mettre la main à la pâte, prendre le courage de se lever tôt, de refaire les fournées ratées et garder une âme d'enfant pour créer constamment des nouveautés.

En somme, notre vie est notre œuvre, résultant de nos choix et non de celles du destin.

Le karma fait que lorsque les croissants sont confectionnés, l'ami Ricoré arrive, mais pas avant!

44. COMME UNE FLEUR SUR L'EAU

Imaginez que nous soyons une fleur flottante à la surface d'une rivière, emmenée par le courant, au fil des années, d'un endroit à un autre, sans jamais de retour en arrière.

Il y a des moments où le cours d'eau est paisible. Le soleil nous réchauffe et nous épanouit, les papillons et libellules dansent avec nous. Tout va bien.

Il y a également des traversées périlleuses des chutes d'eau avec beaucoup de turbulences, ou des jours de pluie, de tempête qui nous tombent dessus à grosses gouttes. Tout va mal.

Notre esprit filtre tous ces événements et en garde certains selon notre disposition mentale.

Si nous sommes optimistes, les moments heureux nous serviront de moteur pour avancer dans la vie avec bonheur. Les moments malheureux deviendront des leçons de vie, des expériences qui nous aident à grandir dans la spiritualité.

Si nous sommes pessimistes, les joyeux instants seront vite oubliés, laissant place à une suite d'épisodes de malchance où nous serons des victimes perpétuelles. Au bout d'une longue période de souffrance, certains pourraient voir la vie comme un non-sens et perdraient toute joie de vivre.

Bref, la vie n'est jamais, et pour personne, « un long fleuve tranquille ». Si certains semblent être plus heureux que d'autres, c'est juste parce qu'ils ont fait le bon choix, celui d'être heureux quelle que soit leur condition de vie.

Revenons à l'image de la fleur flottante sur un cours d'eau. Nous pouvons en tirer beaucoup de leçons.

Tout d'abord, le passé est déjà derrière nous. Nous ne pourrons plus y revenir pour changer quoi que ce soit. Si beau soit-il, ce passé est déjà loin derrière. Les regrets ne feront qu'augmenter nos peines.

Le fait d'accepter de tourner la page et de ne plus regarder vers le passé nous libérera d'un lourd fardeau qui noircit notre présent.

Parfois, nous regrettons de ne pas avoir fait de barrage pour détourner le cours d'eau vers une autre direction qui nous semblait plus favorable, rendant notre avenir meilleur. Rien n'est moins sûr! En manipulant notre monde, nous pouvons créer des conséquences imprévisibles bien pires que si nous avions laissé le naturel se dérouler sans encombre. Lorsque la rivière fait une courbe, nous ne pouvons pas deviner ce qui nous attend derrière le tournant.

C'est là que notre spiritualité va intervenir. Si vous êtes croyant(e), abandonnez-vous à la providence, « que ta volonté soit faite ». Si vous êtes dans le courant de la spiritualité orientale, faites confiance au « naturel » (Taoïsme) ou au « karma » (Bouddhisme) qui choisira toujours le meilleur chemin pour vous, à ce moment précis.

Quel que soit notre choix, gardons notre confiance en la vie qui continue à s'écouler avec ses joies et ses peines, ses moments de sérénité et de souffrance. Ne résistons pas. Laissons son courant nous emporter et découvrons petit à petit son image lorsque les différents morceaux de son puzzle s'imbriqueront. Elle deviendra plus claire et compréhensible de jour en jour.

C'est l'image du sens de notre vie, ici et maintenant, depuis toujours et à jamais.

45. PARTIR LOIN DE TOUT

Qui d'entre nous n'a pas un jour rêvé de partir loin, très loin, laissant derrière soi tout le poids des conflits familiaux, professionnels, personnels, pour être seul(e) sur une île déserte ou dans un endroit inconnu jusque-là, avec l'espoir de tout recommencer à zéro?

Il y a de multiples raisons à ce rêve. La plus fréquente est la déception sentimentale. Nous voudrions partir loin pour oublier, ou espérer que l'autre puisse souffrir du poids de notre absence.

Dans les années 90, le boys band « 2 be 3 » chantait:

« Partir un jour sans retour, Effacer notre amour, Sans se retourner, Ne pas regretter, Garder les instants qu'on a volés. Partir un jour, Sans bagages, Oublier ton image, Sans se retourner, Ne pas regretter, Penser à demain, Recommencer. »

C'est également l'espoir de trouver un moment de répit où nous pouvons enfin déposer le fardeau qui pèse sur nos épaules depuis trop longtemps: pressions, stress, relations toxiques…

Imaginons que ce rêve se réalise et que nous nous retrouvions seul(e) sur notre île, nous verrions que nos problèmes ne seront pas résolus pour autant. En effet, dans nos bagages mentaux, nous amènerons sûrement toutes nos souffrances et leurs présumés auteurs. Ils nous accompagneront chaque instant, à chaque coin de notre plage de rêve et la transformeront en un lieu cauchemardesque.

Nous nous rendrons compte qu'il ne sert à rien de partir loin. Quoi que nous fassions, notre prison nous suivra et continuera d'entraver notre véritable délivrance.

Nous oublions souvent que la vie est un long chemin où à chaque carrefour, nous devons faire un choix d'aller vers une direction ou vers une autre. Nous faisons souvent le mauvais choix par attachement, par tradition, par éducation, par peur de l'inconnu, peur de devoir sortir de notre zone de confort et de nous retrouver seul. Et surtout, nous avons beaucoup de mal à reconnaître nos erreurs et à avoir le courage de les rectifier.

Toutefois, si vous souhaitez quand même partir très loin et trouver la sérénité, je connais une bonne agence de voyage qui vous aidera à trouver votre destination de rêve.

Asseyez-vous. Fermez les yeux. Inspirez lentement et profondément en gonflant votre ventre, puis expirez à fond en rétractant vos muscles abdominaux pour mieux chasser l'air de vos poumons.

Tout doucement, vous verrez votre île apparaître depuis votre hublot, verdoyante, calme et sereine.

Ici, il n'y a pas de solitude, mais une connexion permanente avec un immense amour universel que rien ni personne ne pourra tarir.

« Les passagers à destination Univers sont priés de se rendre à la porte des étoiles pour un départ imminent! ».

Bon voyage!

46. TOUT PRÉVOIR

Quand j'étais jeune interne, un médecin anesthésiste nous a conviés à un "pot d'adieu" avant de partir à la retraite. Il nous racontait qu'il avait tout prévu pour vivre des jours heureux avec son épouse, qu'il n'avait pas beaucoup vue pendant ses années consacrées au travail. Il avait construit une belle maison avec une piscine dont il n'avait pas vraiment profité. Il planifiait déjà un tour du monde pour célébrer sa nouvelle liberté. Il rêvait de faire du vélo quotidiennement et de s'amuser avec ses petits-enfants.

Malheureusement, j'ai appris qu'il était décédé une semaine plus tard d'une hémorragie cérébrale foudroyante. C'était la seule chose qu'il avait oublié de prévoir.

La plupart d'entre nous vit avec cet oubli, surtout lorsque nous sommes encore jeunes. Nous oublions que notre existence actuelle pourrait s'achever à n'importe quel moment et que nous pourrions perdre soudainement une personne qui nous est chère, laissée en bas de l'échelle de nos priorités.

Nous oublions également que nous ne pourrons rien emporter lorsque l'heure de partir viendra, et que les seules choses de valeur que nous laisserons seront les bons souvenirs et les marques d'amour que nous avons semés dans notre vie.

Que nous ayons raison ou tort dans les conflits, que pourrions-nous encore espérer gagner si notre cœur est lourd de ressentiments avant de nous quitter pour toujours?

Il est probablement temps pour nous de prévoir l'essentiel avant de partir ou de dire adieu. Ce moment pourrait être ce soir, dans quelques jours, quelques mois ou quelques années. Peu importe. L'essentiel est d'être prêt à tout moment.

Aussi, je vous invite à effectuer ces préparatifs, dont les bagages pourraient être lourds pour certains mais indispensables: présenter vos excuses sincères à ceux que vous avez blessés, pardonner à ceux qui vous ont fait du mal, vous réconcilier, réparer les dégâts que vous avez causés, donner de l'attention, de l'affection, de l'amour, de la compassion à autrui...

Je vous laisse imaginer la sérénité de l'esprit lorsque les valises seront bouclées bien avant l'heure de départ.

47. DURÉE ET PLAN DE VOL

Si nous comparons notre durée de vie à celle d'un vol en avion, la naissance correspondrait au décollage et la mort à l'atterrissage. La durée du vol dépend de la quantité d'essence emmenée au décollage, donc nous ne sommes pas égaux devant la longévité. Certains ont un réservoir prédisposant à une longue vie, d'autres ont une capacité limitée, ne permettant qu'un court voyage dans ce monde.

Pour prolonger ce séjour, plusieurs solutions s'offrent à nous: choisir une alimentation saine et modérée, éviter les toxiques (tabac, alcool, drogues…), et pratiquer des exercices physiques réguliers. Cependant, une étude américaine publiée en août 2019 dans la revue Proceedings of the National Academy of Sciences (PNAS) a montré que le facteur principal de la longévité serait l'optimisme.

En effet, les hommes optimistes vivent 11 % plus longtemps que les pessimistes, et chez les femmes, la longévité est accrue de 15 %. Selon les auteurs, l'optimisme influence un mode de vie plus sain en termes d'alimentation, d'alcool, d'exercice, de consultations médicales régulières et de tabagisme. Les optimistes ont la capacité d'avoir des buts et la confiance de les atteindre, paraissent aussi plus aptes à régler des problèmes et à réguler leurs émotions en situation stressante.

Ainsi, l'optimisme a le pouvoir d'orienter un individu vers une vie saine et équilibrée avec une meilleure gestion des émotions, bénéfique pour la longévité. En étant optimistes, nous gagnons autant en quantité qu'en qualité de vie.

Les conflits coûtent en énergie, nous laissant épuisés après des disputes incessantes. La souffrance psychologique favorise les maladies somatiques, certaines graves, réduisant l'espérance de vie. Pourtant, nombreux choisissent cette voie autodestructrice, laissant les émotions les submerger et les calmant avec des produits toxiques.

Posons-nous les bonnes questions en ce voyage: quel est notre plan de vol? Vers quelle destination allons-nous? Comment rendre ce vol long et agréable? Comment choisir des partenaires de qualité pour nous accompagner?

Rien n'est jamais trop tard. Nous sommes dans notre jet privé et avons tous pouvoirs de décider où et comment voyager.

Le commandant de bord vient de nous souhaiter un très bon séjour et attend nos instructions.

48. NE SEMONS PAS LA PEUR

Ces derniers temps, l'anxiété et la peur semblent s'intensifier dans mon entourage. Les discours catastrophiques se multiplient dans les conversations, sur les réseaux sociaux et même lors de mes consultations. L'évocation d'une épidémie de coronavirus décimant les populations et de catastrophes naturelles terrifiantes devient monnaie courante.

Sur ma page Facebook, des publications citant l'Apocalypse et annonçant la fin du monde, ainsi que des prophéties imaginaires prédisant un avenir sombre pour l'humanité, fleurissent. Certains semblent prendre un malin plaisir à instiller la peur chez les autres. Répéter à satiété le nombre de morts chaque jour peut provoquer une angoisse généralisée, ce qui semble être un objectif lucratif.

La technologie et les moyens de communication facilitent la propagation de fausses informations et l'exagération des événements pour semer la panique. Bien que certains puissent avoir l'intention louable d'éveiller la conscience humaine, utiliser la peur comme catalyseur n'est pas une approche spirituelle authentique. La véritable spiritualité ne s'acquiert pas par la crainte d'une punition divine, mais plutôt par une compréhension mature.

En ces moments d'incertitude face à l'avenir, il est impératif de ne pas semer la peur. Celle-ci ne fait qu'accentuer l'égoïsme en activant le réflexe de survie au détriment des plus fragiles et démunis. Elle engendre la panique, les discriminations et les pénuries, obscurcissant le bon sens.

Seuls l'espoir, la paix, la sérénité, la solidarité, l'amour et la compassion méritent d'être semés partout, dans tous les cœurs et à chaque instant. En cultivant ces valeurs, nous pouvons contribuer à créer un environnement plus positif et constructif, même face à l'incertitude qui plane.

Février 2020
Début de la pandémie du coronavirus

49. VIRUS RÉVÉLATEUR

À l'époque où nous consommions du « pain blanc », notre monde évoluait au jour le jour sans trop se préoccuper d'interrogations existentielles. Bien que nous soyons conscients que certaines choses ne fonctionnaient pas très bien, tant que notre santé, notre situation financière, notre famille et nos amis se portaient bien, il n'y avait pas besoin de s'inquiéter davantage.

Cependant, ces derniers mois, notre monde bascule progressivement dans une période de « pain noir ». Un virus existant depuis des millions d'années chez des animaux sauvages a subitement fait irruption dans nos vies et a révélé nos vulnérabilités.

Il nous a d'abord démontré la fragilité de la vie humaine ainsi que notre égalité face à la maladie. Que l'on soit riche ou pauvre, puissant ou faible, célèbre ou inconnu, aucun privilège ne nous protège de la pandémie.

Il a également mis en lumière les erreurs de nos tendances matérialistes en ébranlant nos modèles de société, nos certitudes économiques, nos failles politiques, nos gaspillages des ressources terrestres et notre inconscience face à son épuisement avec la destruction de milliards de ses habitants.

Cependant, bien que nous mettions toujours en avant la lumière du jour, seule l'obscurité de la nuit peut dévoiler ce qui se cache derrière: la beauté de la lune et le scintillement des millions d'étoiles.

Ainsi, la peur de la mort révèle le courage. La pénurie souligne la noblesse du partage. La perspective d'un avenir sombre teste la solidité de notre foi, de notre optimisme et de notre sérénité. Les jours de confinement renforcent les liens entre parents et enfants, nous permettant de rattraper le temps perdu avec nos proches dans nos vies trépidantes. Ils nous invitent à rester ensemble et à partager ce qui a été négligé jusqu'à ce jour.

Pour certains, ils développent la richesse de la vie intérieure à travers la prière, la méditation et le retour vers soi.

Notre planète a également profité de l'occasion pour respirer un bon coup, se désintoxiquer un peu de la pollution que nous lui imposons. De nombreuses espèces animales sur terre et en mer prospèrent, profitant d'une tranquillité soudaine offerte par l'humanité confinée.

Espérons que cette pandémie marque un tournant vers un monde moins égoïste et cruel, qu'elle nous éveille sur la nécessité de coopérer pour préserver un monde propre et amical.

Laissons-la révéler la meilleure part de chacun de nous et les forces qui l'animent: l'amour, la compassion, le partage, le courage d'affronter l'adversité et d'effectuer les changements nécessaires, ainsi que la sagesse d'accepter ce que nous ne pouvons pas changer.

Mars 2020
En pleine pandémie de coronavirus

50. RETOUR À LA SOURCE INTÉRIEURE

Selon les principes de la médecine orientale, l'homme est considéré comme un petit univers (microcosme) qui doit vivre en harmonie avec les lois du grand univers (macrocosme).

Après le big bang, l'Univers se divise en deux parties distinctes. La partie visible, appelée la « forme » (Yin), est représentée par les corps célestes tels que les étoiles et les planètes. Elle se distingue de la partie invisible, la « non-forme » (Yang), représentée par l'énergie du vide qui occupe le reste de l'univers.

La rotation autour d'un axe est une règle générale pour les corps célestes. Les planètes tournent, les étoiles tournent, notre soleil tourne sur lui-même, et la Terre tourne autour du soleil, créant le cycle jour-nuit et les quatre saisons qui influent sur nos vies et nos comportements.

Nous vivons nos journées durant le jour et nous

nous reposons pendant la nuit. Les saisons lumineuses du printemps et de l'été, associées à l'énergie Yang, encouragent l'activité, la sortie, la joie. Elles sont suivies par les saisons sombres de l'automne et de l'hiver, associées à l'énergie Yin, invitant la nature à se reposer, à se retirer, et nous incitant à la réflexion.

Cependant, nos activités humaines tendent à orienter nos vies vers un excès de Yang, caractérisé par des objectifs de croissance, de productivité, de performances sportives, de loisirs, de plaisirs constants, au détriment du Yin.

Nous avons du mal à nous arrêter, à nous reposer, à prendre soin de notre enfant intérieur, jusqu'au moment où le crash devient inévitable. Le Yin s'impose alors de force, nous obligeant à nous arrêter. C'est le phénomène du « burn-out », littéralement être « à court de combustible ». Tout est épuisé à la suite d'un Feu (Yang) qui a été trop intense et prolongé.

À l'échelle planétaire, après une course effrénée vers une croissance sans fin, signe d'un Yang exploité à l'extrême, l'épidémie de coronavirus se présente comme une énergie Yin incitant l'humanité à ralentir. La consommation mondiale diminue considérablement, et pour la première fois, la pollution commence à décroître de manière spectaculaire dans le monde.

Profitons de ces temps Yin de repos pour revenir à l'essentiel: la source d'eau fraîche et nourrissante qui coule au fond de chacun de nous, apaisant et soulageant toutes les brûlures.

2020 - En pleine pandémie de coronavirus

51. LE MIRABELLIER EN FLEUR

Le mirabellier de mon jardin, après la pluie, la grêle et le vent, blanchit la cour de pétales de fleur.

Il me fait penser à un poème du maître zen Man Jue que je vais essayer de traduire ci-dessous:

« *Le printemps s'en va, des centaines de fleurs chutent,*
Lorsqu'il reviendra, elles écloront à nouveau.
Traversant la vie avec ses vicissitudes,
La vieillesse arrive sur ma tête sans un mot.
Ne croyez pas que la fin du printemps reste sans fleur, par finitude,
Hier soir, dans la cour, perche encore une branche de cerisier, tout en haut... »

C'est un poème sur l'impermanence.

Les choses apparaissent et disparaissent, vont et viennent dans des cycles perpétuels...

Ne regrettons pas lorsqu'une chose s'en va. Une autre va arriver.

Vivons intensément chaque instant car il est unique et merveilleux!

52. IL EST LIBRE, MAX

Depuis l'extension de l'épidémie du coronavirus, de nombreux pays ont opté pour le confinement de leurs citoyens afin d'éviter la propagation de la maladie. Certains le subissent depuis plusieurs semaines, d'autres viennent d'y entrer.

Tout à coup, certains d'entre nous se rendent compte de la valeur de la liberté: pouvoir voyager, se promener en famille, faire la fête avec ses amis, ou simplement sortir sans cette sensation étrange que le danger peut venir de toute part, même d'une personne chère à son cœur.

À un niveau plus élevé, l'être humain a besoin de pouvoir s'exprimer librement, donner son opinion, manifester dans le respect d'autrui, sans subir une répression quelconque.

À un niveau encore supérieur, vis-à-vis de

lui-même, il devrait être libre de penser sans avoir mauvaise conscience de s'opposer à une idéologie, un dogme, une interdiction religieuse, ou de se sentir pêcheur, souillé par le mal.

Cependant, tout cela ne représente pas encore la suprême liberté de l'esprit, celle du renoncement à un attachement.

Voici une histoire zen que j'ai racontée dans mon livre « Émotions, souffrances, délivrance »: Dans les années 60-70, aux États-Unis, la tendance de la jeunesse était de suivre le mouvement Hippie, dans lequel elle souhaitait vivre librement, sans contrainte, dans des rapports humains plus authentiques.

Un hippie est venu voir le maître zen Seung Sahn et lui a dit:

- Je veux bien vous suivre pour les enseignements, mais je souhaite garder mes cheveux longs qui sont le symbole de ma liberté. Le maître lui répondit:

- Si tu gardes tes cheveux longs, c'est que tu es encore attaché à ta liberté, donc tu n'es pas libre!

- D'accord, maître, je vais me faire couper les cheveux.

- Bien! Maintenant, tu peux garder tes cheveux longs!

En effet, un esprit vraiment libre peut s'adapter à toutes les situations, même au renoncement de sa propre liberté. Il est à l'image de l'eau qui prend la forme de son contenant, peu importe que ce dernier soit large ou étroit, harmonieux ou difforme.

Si nous atteignons cet esprit, aucune porte ne pourra nous être fermée, aucune frontière ne pourra nous retenir. Cela me fait penser aux paroles d'une chanson d'Hervé Christiani des années 80: « Il est libre Max, il est libre Max! Y´en a même qui disent qu´ils l´ont vu voler…»

53. APPRIVOISER LA VIE

« C'était un jardin fleuri de roses.
— Bonjour, dirent les roses.

Le petit prince les regarda. Elles ressemblaient toutes à sa fleur.

— Qui êtes-vous? leur demanda-t-il, stupéfait.

— Nous sommes des roses, dirent les roses.

— Ah! fit le petit prince...

Et il se sentit très malheureux. Sa fleur lui avait raconté qu'elle était seule de son espèce dans l'univers. Et voici qu'il en était cinq mille, toutes semblables, dans un seul jardin! [...]

Il se dit: « Je me croyais riche d'une fleur unique, et je ne possède qu'une rose ordinaire. Ça et mes trois volcans qui m'arrivent au genou, et dont l'un, peut-être, est éteint pour toujours, ça ne fait pas de moi un bien grand prince... » Et, couché dans l'herbe, il *pleura.*

C'est alors qu'apparut le renard [...]

– *Qui es-tu? dit le petit prince. Tu es bien joli…*

– *Je suis un renard, dit le renard.*

– *Viens jouer avec moi, lui proposa le petit prince. Je suis tellement triste…*

– *Je ne puis pas jouer avec toi, dit le renard. Je ne suis pas apprivoisé.*

– *Ah! pardon, fit le petit prince.*

Mais, après réflexion, il ajouta:

– *Qu'est-ce que signifie « apprivoiser »?*

– *C'est une chose trop oubliée, dit le renard. Ça signifie « créer des liens… »*

– *Créer des liens?*

– *Bien sûr, dit le renard. Tu n'es encore pour moi qu'un petit garçon tout semblable à cent mille petits garçons. Et je n'ai pas besoin de toi. Et tu n'as pas besoin de moi non plus. Je ne suis pour toi qu'un renard semblable à cent mille renards. Mais, si tu m'apprivoises, nous aurons besoin l'un de l'autre. Tu seras pour moi unique au monde. Je serai pour toi unique au monde… [...]*

Voici mon secret. Il est très simple: on ne voit bien qu'avec le cœur. L'essentiel est invisible pour les yeux. C'est le temps que tu as perdu pour ta rose qui fait ta rose si importante. Les hommes ont oublié cette vérité, dit le renard. Mais tu ne dois pas l'oublier. Tu deviens responsable pour toujours de ce que tu as apprivoisé. Tu es responsable de ta rose... ».[1]

Il nous arrive souvent de pleurer de ne pas être « un bien grand prince ». Nous avons si peu de choses par rapport à nos voisins qui ont une famille heureuse, aux riches millionnaires qui sont « pleins aux as », aux puissants politiciens qui ont tous pouvoirs, surtout celui de taxer le peu que nous possédons. L'herbe semble bien plus verte ailleurs que dans nos prés. La situation est si injuste qu'elle nous pousse à nous révolter avec une colère proportionnelle à nos frustrations.

Si seulement le renard de St Exupéry revenait aujourd'hui pour nous apprendre à « créer des liens » avec notre monde! Nous apprivoiserions notre entourage avec douceur et patience, donnerions du temps à nos relations sentimentales, amicales, familiales, sociales et professionnelles. Nous créerions des liens intimes avec notre corps pour l'aimer à sa juste valeur. Nous apprivoiserions notre cadre de vie et l'aimerions même dans l'adversité, à l'image de Charles Aznavour dans sa chanson « la bohème ».

Ainsi, la moindre petite chose dans notre vie deviendrait unique et prendrait alors une valeur inestimable. Et puis, le renard nous recommanderait d'être « responsables » de ce que nous avons apprivoisé, c'est-à-dire de ne pas abîmer des relations au nom d'un ego surdimensionné; de ne pas détruire la santé pour satisfaire des désirs inassouvis; de ne pas trahir la confiance accordée à une parole donnée; de

---

1 *Extrait du livre « Le Petit Prince » d'Antoine de Exupéry*

ne pas sacrifier le respect, l'amour, les soins apportés à autrui au nom d'un quelconque principe d'équité ou de justice.

Je suis sûr que si nous suivions les traces de ce sage renard, elles nous mèneraient vers une nouvelle vision de notre vie, une vision plus qu'extraordinaire: nous verrions l'invisible!

54. L'ÉVEIL DE LA CONSCIENCE

Étant l'être vivant au niveau de conscience le plus élevé, l'homme a souvent tendance à se prendre pour le maître absolu du monde en mettant toute la nature à son service, traitant les autres êtres vivants tels que les animaux et les végétaux comme des objets sans âme, sans conscience ni intelligence.

Cependant, il suffit d'observer la nature pour comprendre que la conscience est omniprésente, son niveau de base étant la conscience d'exister, donc de survivre. Les premiers êtres vivants, les archéobactéries constituées d'une seule cellule, élaborent déjà des stratégies de survie dans les conditions extrêmes, suivies par d'autres organismes extrêmophiles dotés de capacités étonnantes d'adaptation aux milieux les plus divers et hostiles. Les bactéries actuelles modifient leurs structures pour résister aux antibiotiques les plus modernes.

Le monde des végétaux est également étonnant. Les plantes se transforment pour éviter d'être détruites en se dotant d'épines, de couleurs signalant une toxicité. Elles attirent les abeilles et les oiseaux avec des odeurs, des couleurs, du nectar… pour favoriser la dissémination de leurs pollens.

Récemment, les scientifiques ont découvert que les arbres des forêts communiquent entre eux par un réseau souterrain dense fait de racines et de filaments de champignons. Ainsi, lorsqu'un arbre est attaqué par un herbivore, il va changer sa composition chimique et diffuse ce signal à travers ce réseau de communication, permettant à ses voisins de se prémunir contre ces attaques.

De nombreuses espèces, vertébrés comme invertébrés, savent utiliser des camouflages pour se cacher, ou la force collective pour se protéger d'un danger. Les oiseaux ont déjà la conscience de fonder une famille, en choisissant leur partenaire, construisant leur nid, protégeant leurs œufs et entraînant les oisillons à l'autonomie. Les mammifères évolués ont des sentiments, pleurent la perte des êtres qu'ils aiment et peuvent se sacrifier pour les sauver.

Ainsi, tous les êtres vivants sont conscients et reliés les uns aux autres dans une inter-existence physique et une conscience universelle, chacun recyclant ce que les autres ont laissé, et cela depuis la nuit des temps. En effet, la nature ne connaissait pas de déchets avant ceux produits par l'homme. Bien que tous les êtres doivent vivre, ils ne prélèvent dans la nature que ce qui leur est nécessaire. Jamais ils ne détruisent intentionnellement leurs milieux de vie par avidité. Ils méritent notre respect, notre considération et peuvent même nous servir de modèle pour évoluer.

Uniquement en se tournant vers soi et sans critiquer les autres, éveillons-nous et reconnectons-nous à cette conscience universelle de notre nature originelle afin de retrouver une vie harmonieuse avec tous les êtres vivants.

55. IL N'Y A QUE DU MEILLEUR

Je me rappelle d'une histoire de sagesse chinoise que j'avais lue dans ma jeunesse sans en comprendre le sens, jusqu'au jour où je me suis éveillé à la spiritualité orientale. Une dame allait au marché acheter de la viande.

Elle arrive devant l'étal du boucher et lui demande: « Pourriez-vous me donner le meilleur morceau que vous avez? ». Celui-ci lui répondit: « Sur mon étal, il n'y a que le meilleur! ».

Imaginons que cet étal du marché soit notre vie. Chaque jour, nous nous y rendrions pour rechercher ce qui a de meilleur pour nous: l'amour, l'âme sœur, les amis, des enfants, la santé, la réussite sociale, la renommée, l'argent... tous nos rêves, en somme. Certains sont satisfaits de leur visite, d'autres très déçus de ne pas pouvoir obtenir ce qu'ils souhaitent.

Et pourtant, la sagesse, représentée par l'image du boucher, nous affirme: « Sur mon étal, il n'y a que le meilleur! ». Cette histoire nous amène vers un esprit nouveau, l'esprit équanime, non discriminant. Dans la spiritualité orientale, le bien et le mal ne peuvent être séparés. C'est la dualité Yin – Yang, les deux facettes d'une même réalité. Dans le Yin, il y a toujours du Yang et vice versa. C'est l'image des deux versants d'une même montagne, l'un orienté vers le soleil, donc lumineux (Yang), et l'autre reste dans l'obscurité (Yin). Étant donné que la terre tourne autour du soleil, le côté lumineux évoluera vers l'obscurité et le côté obscur vers la lumière.

Rien n'est permanent, tout change, perpétuellement. Après la pluie, le beau temps. Après le beau temps, la pluie.

Notre vie va ainsi, immuablement. Ne forçons pas le cours des choses. Soyons patients et préparons notre esprit à accueillir ce que nous souhaitons lorsque cela arrivera. Ne soyons pas déçus si notre but n'est pas atteint malgré nos efforts. Ne soyons pas tristes si nous sommes incapables de garder ce qui va s'effondrer. Cela pourrait être un danger que nous avons pu éviter.

« Ce qui nous arrive ou qui ne nous arrive pas est toujours le meilleur ».

Gardons cette conviction et nous traverserons cette vie le cœur léger comme une brise.

56. LE MONDE PREND LA COULEUR DE VOS ÉMOTIONS

Aujourd'hui, une amie sur Facebook, probablement dans un moment de tristesse et de déception, a posté ces paroles d'une chanson de Renaud,

« *Fatigué* »:

« *Fatigué d'habiter sur la planète Terre,*
Sur ce brin de poussière, sur ce caillou minable,
Sur cette fausse étoile perdue dans l'univers,
Berceau de la bêtise et royaume du mal,
Où la plus évoluée parmi les créatures,
A inventé la haine, le racisme et la guerre,
Et le pouvoir maudit qui corrompt les plus purs,
Et amène le sage à cracher sur son frère. »

Juste pour « contrebalancer » un peu cette ambiance morose que l'on rencontre très souvent en ce moment, je lui ai offert ce poème dont les vers sont calqués sur ceux de Renaud:

« Heureux d'habiter dans l'immensité de l'Univers,
 Sur cette mer de sable, scintillante d'étoiles,
 Sur ce diamant rare où la vie, bien qu'éphémère,
 Tout doucement, a tissé sa toile;
 Où la plus évoluée les créatures,
 Consciente des dégâts causés par ses émotions,
 Cherche à éveiller la part la plus pure,
 De son Esprit, universel, fait de compassion.
Inlassablement, la voix de l'éveil, ce doux murmure,
Détache ses liens et l'amène hors de sa prison... »

Je voudrais vous l'offrir, en espérant que vos émotions revêtiront chaque jour leurs habits de couleur!

57. L'ÉNERGIE DE L'AUTOMNE

Nous sommes en automne. « Les feuilles mortes se ramassent à la pelle, les souvenirs et les regrets aussi ». C'est connu: lorsque le soleil a du mal à se montrer, caché par la grisaille et la fine pluie incessante, le moral des humains est souvent en berne. Leur énergie est également au plus bas.

Ce phénomène est appelé « dépression saisonnière » ou « déprime hivernale ». Il touche 18% des Canadiens, jusqu'à 9,7% de la population adulte en Amérique du Nord et 4,6% de la population européenne.

Plus on s'éloigne de l'équateur, plus le nombre de personnes atteintes augmente.

En 1984, le Dr Norman E. Rosenthal, psychiatre et chercheur au National Institute of Mental Health, a mis en évidence le lien entre la lumière et la dépression. En effet, les rayons lumineux agissent sur les neurotransmetteurs, dont la sérotonine, « l'hormone du bonheur » qui régularise l'humeur et gouverne la production de la mélatonine, une autre hormone responsable des cycles éveil-sommeil.

Le manque de luminosité affecte la sécrétion de ces hormones et dégrade notre bonne humeur.

Si la science découvre l'influence de la lumière sur l'humeur seulement au milieu du 20e siècle, la médecine orientale l'avait comprise depuis des milliers d'années.

En effet, elle considère tout organisme vivant comme un microcosme qui devrait suivre les mêmes lois que l'univers, le macrocosme. La lumière, la chaleur, le mouvement, la joie, sortir à l'extérieur sont des énergies de type Yang. L'obscurité, le froid, l'immobilité, la tristesse, rester à l'intérieur sont des énergies de type Yin.

En été, le ciel est très lumineux, la température monte, donc très Yang. La nature est en mouvement : les insectes abondent, les animaux sortent de leur tanière, la végétation est luxuriante.

En automne puis en hiver, le ciel est gris, peu lumineux, la température baisse, donc très Yin. La nature s'endort peu à peu : les insectes se cachent, les animaux hibernent, les arbres perdent leur feuillage.

Par conséquent, le moral de l'être humain suit l'énergie Yin et « rentre à l'intérieur ». Il doit se reposer comme tous les êtres vivants, pour pouvoir « ressortir » plus fort au prochain printemps.

La médecine occidentale a trouvé un remède à la dépression saisonnière: la photothérapie. Le patient est exposé devant un mur de lumière pendant quelques heures, et il va mieux.

Énergétiquement parlant, on l'a tout simplement « Yanguisé » (c.à.d. qu'on lui apporte le Yang qui lui manque), la lumière étant une énergie Yang.

D'autres vont chercher le soleil à l'étranger, ou vont faire du ski (le mouvement est également une énergie Yang). Ils iront mieux en hiver, mais seront très fatigués au printemps prochain, ayant perdu le temps Yin de repos nécessaire.

Ainsi, nous pouvons considérer que la « dépression saisonnière » est énergétiquement physiologique.

Apprenons à aimer le Yin, le repos à l'intérieur, même avec un peu de tristesse pendant ces mois pluvieux et froids de fin d'année.

Cependant, pour équilibrer la situation, nous pouvons toujours trouver du réconfort dans un repas chaud ou dans une tisane au coin du feu, voire dans des relations chaleureuses en famille, avec nos amis… la chaleur étant une énergie Yang.

Vivre en harmonie avec les lois de la nature est une habitude de vie qui conserve la longévité et la sérénité.

Article publié dans les Carnets Comtois n°42
Automne 2019

58. DEUX SIMPLES INDICES

Pour la médecine orientale, deux principaux indices reflètent la bonne santé mentale d'un individu (et par conséquent son état de santé physique puisque les deux sont intimement liés): manger avec appétit et dormir d'un sommeil réparateur (sans prise de somnifères, bien entendu) et de surcroît sans cauchemar ni rêve.

Cela peut paraître simpliste à première vue mais en réalité, l'obtention de ces deux indices requiert beaucoup de conditions.

Un bon repas entraîne une sécrétion de la sérotonine, « l'hormone de la récompense » qui nous procure une sensation de bien-être. Lorsque nous sommes dépressifs, la maladie coupe l'appétit en enlevant tout le plaisir de manger. De même, lorsque nous sommes submergés par l'anxiété, la consommation d'aliments sucrés aide temporairement à calmer le mental, mais peut créer un sentiment de culpabilité d'avoir grossi qui gâche le plaisir. Dans une dévaluation de l'image corporelle, les aliments peuvent être ingérés en grande quantité pour combler un vide ressenti intérieurement, pouvant entraîner des troubles du comportement alimentaire de type boulimique

Quant au sommeil, à la question « dormez-vous bien la nuit? », on me répond souvent par un « oui ». Par contre, si j'insiste sur la qualité du sommeil en demandant: « lorsque vous vous réveillez le matin, vous sentez vous en pleine forme, bien récupéré pour attaquer une nouvelle journée? », la réponse est souvent négative.

En effet, tant de facteurs peuvent affecter la qualité du sommeil. Hormis les facteurs somatiques tels que les douleurs ou le syndrome d'apnée du sommeil, l'anxiété, la cogitation nocturne, la stimulation cérébrale à outrance avec la télévision la nuit, les jeux vidéo, les substances excitantes (alcool, café…), la peur du lendemain, le chagrin, la dépression… troublent facilement le sommeil avec des difficultés d'endormissement ou des réveils nocturnes fréquents.

Si nos deux indices sont à l'orange, voire au rouge, ne prenons pas les choses à la légère. Cela signifie que notre équilibre mental est précaire et que nous subissons la pression de nos émotions sans pouvoir les maîtriser.

C'est un état d'alerte qui devrait nous rappeler la nécessité d'un entraînement régulier de l'esprit au lâcher-prise et à vivre l'instant présent.

Jour après jour, mois après mois, nous pouvons utiliser ces deux simples indices pour évaluer la progression de notre esprit dans son cheminement vers l'équilibre et le bien-être.

59. L'ESPRIT ZEN N'EST PAS COMPLIQUÉ

Dans les temps anciens, un pratiquant demanda à un maître zen:

- Avant votre illumination, que faisiez-vous?

Le maître répondit:

- Je coupe du bois, je porte de l'eau et je cuis le riz.

- Et après votre illumination, que faisiez-vous?

- Je coupe du bois, je porte de l'eau et je cuis le riz.

- Mais alors, à quoi sert d'être illuminé?

- Avant mon illumination, lorsque je coupe du

bois, je pense à porter de l'eau. Lorsque je porte de l'eau, je pense à cuire le riz. Après mon illumination, lorsque je coupe du bois, je pense à couper du bois; lorsque je porte de l'eau, je pense à porter de l'eau; lorsque je cuis le riz, je pense à cuire le riz.

Cet esprit s'appelle la pleine conscience. Être là pleinement, juste ici et maintenant.

Cela semble simple mais ce n'est pas le cas pour bon nombre d'entre nous. Notre esprit se balade sans cesse entre passé et futur et s'arrête rarement à l'instant présent.

Il y a quelques jours, un patient me disait:

« Depuis le début de l'année, je m'inquiète vraiment de ce qui va arriver dans les prochains mois! ». Je lui ai répondu: « Si vous mouriez ce soir, vous auriez gâché onze mois de sérénité de votre vie! ».

En effet, lorsqu'un problème a une solution, pourquoi s'inquiéter? Lorsqu'un problème n'a pas de solution, à quoi cela sert-il de s'inquiéter?

Dans les deux cas, lâchons nos émotions et occupons-nous du problème du mieux que nous pouvons. Le reste arrivera en temps voulu, ou n'arrivera pas s'il n'est pas bon pour nous. C'est avec un entraînement assidu et quotidien de l'esprit que nous pourrons vivre pleinement l'instant présent.

Espérons qu'un jour, nous pourrons tous dire:

« Lorsque je pense, je pense; lorsque je dors, je dors » et non plus « Lorsque je pense, je dors et lorsque je dors, je pense ».

60. UNE MERVEILLEUSE ILLUSION

Tous les jours, les médias rapportent des cas de suicides de personnes qui, ne supportant plus leurs conditions de vie, ont préféré y mettre fin. J'ai toujours considéré l'image du suicide comme celle d'un camion-poubelle dans lequel les déchets s'accumulent au fil des années sans jamais avoir été vidés, juste tassés pour pouvoir en mettre un peu plus chaque jour...jusqu'au dernier ramassage d'ordure qui le fait basculer dans le vide.

Pour chaque homme, rien n'est plus précieux que sa propre vie. Si nous écartons les cas où l'humain est prêt à sacrifier la sienne pour autrui par compassion ou par devoir, l'acte d'autodestruction est forcément une erreur de jugement de l'esprit qui a estimé qu'il s'agissait là de la seule voie possible pour être délivré de ses souffrances.

Cette erreur est la pire des illusions de notre vie,

puisqu'elle nous l'a fait perdre.

Depuis l'enfance, nous passons d'une illusion à l'autre, avec plus ou moins de blessures et de cicatrices. Nous pouvons en citer quelques-unes: « je suis né pour être heureux », « je serai heureux si j'arrive à faire ce métier, à avoir une famille, des enfants, beaucoup d'argent, à être celui/celle que je veux », « c'est l'amour de ma vie. Sans lui/elle, ma vie ne vaut plus rien!», « je devrais être en bonne santé jusqu'à ma mort », « mon dernier départ sera prévisible. D'ici là, je n'ai pas le temps d'y penser » ... Nous pouvons en citer tant d'autres, au point de voir que la nature même de notre vie est illusoire.

Lorsque nous allons au cinéma, nous savons pertinemment que ce que nous allons voir n'est qu'une illusion optique résultant de millions de pixels lumineux se mettant les uns avec les autres pour former des images, et que ces dernières donnent l'illusion de bouger grâce à la persistance rétinienne. Sachant cela, nous sommes prêts à payer pour rire, pour avoir peur, pour être triste ou en colère, pour toutes ces émotions qui nous rendent vivants tant qu'elles sont éphémères et illusoires.

Et si, à partir de maintenant, nous regardons notre vie comme une merveilleuse illusion, un bon film, comédie ou tragédie, dont nous sommes spectateurs et acteurs?

Nous pourrons alors profiter des joies et peines qu'elle nous procure, en toute légèreté sans jamais sombrer dans la noirceur interminable de la dépression.

61. STATUE DE SEL

La Genèse, premier livre de l'Ancien Testament, raconte l'histoire de Sodome, une ville de luxure et de débauche. Dieu décide de détruire cette cité, mais il épargne Loth, le neveu d'Abraham, qui était un homme bon. Les anges l'avertissent et lui demandent de quitter la ville avec sa famille sans regarder en arrière. Malheureusement, la femme de Loth, ne pouvant résister, se retourne et regarde son passé brûler. Elle est instantanément changée en statue de sel.

Des années de pratique médicale m'ont fait rencontrer de nombreuses « statues de sel », dévastées par un passé qui les empêche d'avancer. Des « vivants-morts » immobiles, incapables d'envisager un avenir serein et heureux. Leurs pensées, constamment tournées vers le passé, se momifient peu à peu, les amenant vers une anesthésie affective, un cœur incapable de ressentir des émotions positives, mais uniquement de la tristesse et de la désolation.

Beaucoup ont tenté un « retour vers le passé » avec la psychanalyse, l'hypnose et d'autres techniques mentales, cherchant à comprendre le pourquoi du comment. Certains s'en sortent, d'autres s'enlisent encore plus profondément en remuant constamment le couteau dans les plaies, parfois avec de faux souvenirs, déclenchant ainsi des guerres avec leurs proches.

Une pensée bouddhiste décrit bien cette situation: « nous sommes l'œuvre de notre passé et l'architecte de notre futur ». Oui, notre malheur aujourd'hui est bien la conséquence de notre vécu, parfois par malchance, mais souvent par mauvais choix ou par ignorance. Nous avons eu des attitudes erronées sans nous rendre compte de leur gravité (paroles ou actes) et créons nos propres souffrances en blessant autrui qui se défend en ripostant, entretenant une guerre sans fin et créant des relations toxiques.

Il est peut-être temps de laisser le passé s'oublier, en se pardonnant et en pardonnant aux autres, puis de tourner la page pour construire l'avenir. Les déchets d'antan peuvent servir d'expériences, de compost pour fleurir le futur dont nous sommes aujourd'hui les architectes.

Soyons le sel qui donne du goût à la vie, la nôtre et celle de notre entourage. Quelques grains suffisent. Pas besoin d'en faire toute une statue.

62. LE REGARD DES AUTRES

À tous ceux qui souffrent du regard et des jugements des autres, je voudrais partager une histoire zen qui pourrait nous éveiller à un niveau de sagesse supérieur:

Un roi et un maître zen sont de grands amis de longue date. Un jour, pour tester l'éveil du maître zen, le roi fit semblant de l'insulter afin de voir si ce dernier se mettrait en colère:

- « Vous n'êtes pas un maître zen, vous êtes simplement un âne! »

Quelle ne fut pas sa surprise lorsque le maître lui rétorqua:

- « Vous n'êtes pas simplement un roi, vous êtes un bouddha! »

Stupéfait par la réponse, le roi lui demanda:

- « Pourquoi je vous traite d'âne et vous dites que

je suis un bouddha? »

Le maître lui répondit avec un sourire malicieux : « Un âne voit des ânes partout. Un bouddha voit des bouddhas partout! »

Nous sommes souvent blessés par les regards, les jugements et les commentaires des autres, surtout lorsqu'ils ne nous sont pas favorables. Nous nous sentons abaissés, insultés dans notre amour-propre, surtout si nous manquons déjà de confiance en nous-même. Certains d'entre nous peuvent souffrir inutilement et passer des années à combattre leur entourage avec la rage au ventre, se torturant avec ce sentiment d'injustice qui se répète inlassablement.

Cependant, en réagissant violemment aux opinions des autres, nous les « validons » comme des armes efficaces (puisqu'ils voient que nous sommes touchés) et permettons aux personnes malveillantes de les utiliser pour atteindre notre ego.

Que nous apprend cette histoire zen?

Une opinion venant d'une personne reflète ce qu'elle est (sa mentalité, son éducation, son niveau de compréhension, d'éveil...) et non ce que nous sommes. Nous pouvons la respecter comme n'importe quelle autre opinion.

Si nous sommes blessés, c'est juste une impression de notre ego. Plus l'ego est grand, plus nous souffrirons. Si l'ego est transparent, toutes les « balles » le traverseront sans aucun impact. À un niveau plus élevé, nous profiterons des commentaires des autres pour progresser.

Avec humilité, examinons-les avec discernement et améliorons nos comportements si les remarques sont justes à notre égard.

Un âne voit des ânes partout.

Un bouddha voit des bouddhas partout.

Et nous? Que voyons-nous partout?

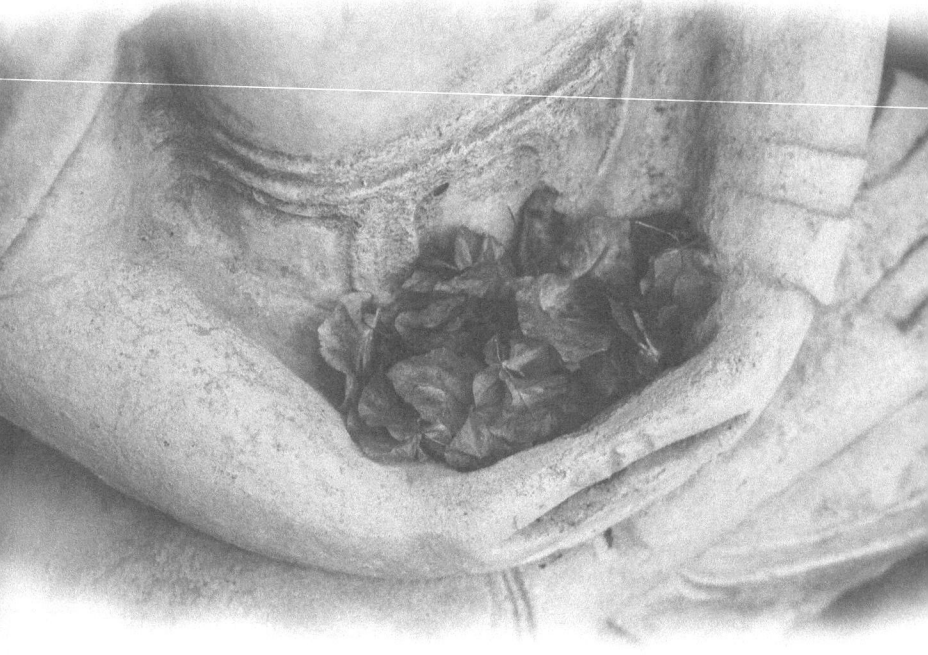

63. LA SALADE « TCHING TCHONG »

Un jour, j'ai malgré moi été témoin d'une petite guerre sur les réseaux sociaux. Un célèbre chef cuisinier, probablement dans une tentative d'humour auprès de ses convives, a baptisé sa salade aux saveurs asiatiques « la salade Tching-Tchong ». Cette maladresse, remarquée sur son menu par un asiatique, lui a valu les foudres de toute la communauté. Malgré ses excuses et le retrait immédiat du nom polémique de sa salade, des centaines de critiques acerbes ont continué à affluer sur sa page: accusations de racisme, d'ignorance, appels au boycott de son restaurant... Certaines dépassaient même le sujet initial, l'accusant de pratiquer des prix trop élevés sur ses pâtisseries, et ainsi de suite.

Ne pouvant laisser la situation empirer, j'ai décidé d'intervenir pour le défendre et calmer les esprits. Voici ma plaidoirie en faveur du restaurateur:

« Je vais essayer de prendre un moment pour vous expliquer mon point de vue. Je n'ai jamais nié l'existence du racisme anti-asiatique en France. J'ai moi-même été victime de moqueries et de discriminations dans ma jeunesse, notamment dans le milieu professionnel. Cependant, avec le temps, j'ai compris que leurs auteurs agissent souvent ainsi parce qu'ils sont eux-mêmes en proie à la souffrance et à la peur de l'étranger, ou par une totale ignorance de notre culture. Certains n'ont jamais voyagé et ne connaissent les asiatiques que par le biais de clichés véhiculés par des films de Kung Fu ou quelques plats populaires.

Les mots n'ont que la valeur que vous leur accordez. Si vous considérez que « Tching Tchong » est une insulte, alors ce sera une insulte et vous en souffrirez. Si, en revanche, vous percevez ces mots comme la phonétique du mot « Respect » [1], ils ne vous atteindront pas.

Je vais conclure cette histoire par une boutade asiatique: mon idole de jeunesse, Bruce Lee, disait dans un film: « Le bois ne donne pas les coups ». Je n'aimerais pas l'entendre ajouter aujourd'hui: « Mais la salade, si! » 😊 »

---

1 « *Jing Zhong* » 敬重 *en chinois*, « *Kính Trọng* » *en vietnamien*

Cette intervention m'a permis de réaliser, à travers les arguments avancés, que les personnes les plus agressives verbalement sont souvent celles qui ont le plus souffert du racisme par le passé, et que cette blessure est encore vive en elles. Cette douleur est comme une graine enfouie dans leur inconscient. Une plaisanterie, une maladresse, un comportement, une parole ou un acte perçus comme racistes agissent alors comme une source d'eau qui soudain arrose la graine. La plante de la colère grandit, se développe, rouvre les plaies et amplifie la douleur latente.

La prise de conscience de la cause de cette souffrance nous fait comprendre que nous sommes responsables de notre propre souffrance, et non celle des autres. Si nous apercevons une tache de boue sur notre joue en regardant dans le miroir, il est vain de nettoyer le miroir pour l'enlever. Celui-ci ne fait que refléter la tache qui se trouve sur notre visage. C'est en se tournant vers soi que le véritable travail de nettoyage peut commencer. Si nous parvenons à déterrer et à éliminer une fois pour toutes les graines de souffrance de notre esprit, nous serons intouchables.

Même en tant qu'asiatique, je pourrais apprécier et rire de bon cœur des blagues sur notre façon de parler, de vivre, de nous comporter... sans me sentir visé par leurs auteurs. Seul mon ego pourrait être blessé. Mais sans ego, je n'aurais plus de problème nulle part.

Cette prise de conscience peut nous élever à un niveau supérieur! Imaginez que je sache pertinemment que mon interlocuteur est raciste et qu'il raconte cette blague dans le but de me rabaisser et de m'humilier. Sans entrave de mon ego, mon esprit développerait de la compassion à son égard: cet homme ne devait pas être heureux! Aucune personne heureuse et bien dans sa peau ne chercherait à blesser autrui. Peut-être a-t-il peur des étrangers ou avait-il souffert à cause d'eux, et cette souffrance est-elle tellement intense qu'il ressent le besoin de déverser son antipathie sur un étranger se trouvant à proximité, en l'occurrence moi?

En tout cas, il a besoin d'aide, et si je le peux, je l'aiderai.

Voyez-vous, sans ego, nous gagnerons sur tous les tableaux: non seulement nous ne souffrirons pas, mais en plus, nous nous éveillerons à la souffrance d'autrui, à ses frustrations, et nous développerons la compassion nécessaire à notre épanouissement personnel.

Alors, abandonnons nos préoccupations concernant le nom de cette salade et apprécions pleinement ses saveurs!

Bon appétit!

64. C'EST NOUS LES MÉCHANTS

Un jour, lors d'un séminaire, j'ai posé la question suivante à l'assemblée: "Qui parmi vous souffre à cause de la méchanceté des autres?" Pratiquement tout le monde a levé la main.

Pourtant, je suis convaincu que si je rassemble maintenant tous ceux qui ont causé de la souffrance à cette assemblée et que je leur pose la même question, j'obtiendrais le même taux de réponses positives.

En y réfléchissant bien, nous pouvons réaliser que nous nous considérons toujours comme étant dans le camp des « gentils », souffrant de la méchanceté d'autrui.

Toutes les guerres dans le monde suivent le même schéma: « les bons contre les méchants ». Bien sûr, tous les combattants des deux camps pensent qu'ils font partie de « l'axe du bien » qui combat le mal.

Cette vision dualiste discriminante est à la base de notre souffrance. Depuis toujours, nous pensons que la lumière doit vaincre l'obscurité sans comprendre d'où provient cette dernière et comment la vaincre. En combattant ainsi l'obscurité, nous renforçons la part sombre qui est en nous et faisons souffrir les autres.

Je vais utiliser une métaphore pour illustrer cela: imaginons une cour vide sous le soleil. Il n'y a pas d'ombre, tout est lumineux. Maintenant, mettons-nous au milieu de la cour: une ombre apparaît, celle de chacun. Lorsque le « soi » apparaît, la lumière crée l'ombre, quelle que soit la nature de l'ego, qu'il soit gentil ou méchant.

L'obscurité et la lumière sont inséparables car elles ne s'opposent pas, bien au contraire, l'une permet à l'autre d'exister. En effet, sans nuit, il n'y aurait pas de jour et vice versa. C'est la dualité non discriminante du Yin et du Yang de la spiritualité orientale.

L'esprit qui se délivre de la souffrance est l'esprit équanime, qui ne juge pas, ne condamne pas, ne hait pas. Il comprend qu'il n'y a pas de personnes purement « méchantes » mais seulement des personnes souffrantes ou ignorantes. Il sait également qu'il n'y a pas de personnes purement « gentilles » mais seulement celles qui cherchent à s'éveiller dans la compassion, avec un esprit encore encombré par la poussière du passé qui les fait parfois basculer du « côté obscur ».

Aujourd'hui, essayons de nous poser cette question: « Et si finalement, c'était nous les méchants? »

Je suis certain que cela pourrait changer fondamentalement notre vie.

65. LES PETITES ATTITUDES AIMANTES

Je laisse traverser une dame sur le passage pour piétons. Elle me fait un signe de la main pour me remercier puis accélère le pas. Elle court presque pour ne pas me faire attendre quelques secondes de plus. Elle n'était pas obligée, mais l'a fait naturellement.

En roulant en voiture, une amie freine légèrement lorsqu'elle aperçoit des moineaux en train de picorer sur la route. Elle sait que les risques sont minimes de les écraser, mais elle le fait automatiquement, comme un geste de protection naturelle envers les animaux qu'elle adore.

Un jeune homme se baisse pour ramasser un billet de vingt euros qu'une personne âgée a fait tomber de sa poche en sortant un mouchoir, sans s'en apercevoir. Il aurait pu le garder, mais il le lui rend gentiment sans l'ombre d'une hésitation.

Une dame apprend à sa fille à ne pas choisir tous les plus beaux légumes dans un bac, pour en laisser un peu au prochain acheteur. Non seulement elle n'est pas obligée de faire cela, mais en plus elle l'a enseigné à sa fille.

Ouvrons les yeux et nous verrons des centaines de petits gestes similaires dans notre quotidien. Ils sont bien plus valorisants pour l'homme que ses titres et diplômes, que sa fortune et ses biens. Il y a une grande différence entre réussir professionnellement et réussir à devenir un grand Homme.

La vraie valeur humaine se voit à travers ces petites attentions aimantes, exécutées de façon naturelle et silencieuse car elles ne servent pas à mettre l'ego en avant. Elles n'attendent ni glorification, ni applaudissements, ni même une quelconque reconnaissance.

Cependant, bien qu'insignifiantes aux yeux de tous, elles sont les vraies armes efficaces pour amener la paix dans le monde, un monde où l'humain coopère avec son prochain et son environnement pour construire son bonheur et non s'entretuer pour avoir plus que son voisin.

Jean-Henri Dunant (1828-1910), le fondateur de la Croix-Rouge internationale, disait: « Seuls ceux qui sont assez fous pour penser qu'ils peuvent changer le monde y parviennent! »

« C'est une utopie », me direz-vous. Et pourtant,

elle vient encore de passer sous ma fenêtre ce matin, par ce temps ensoleillé, dans les mains d'une fillette qui relâche le papillon qu'elle a cherché à attraper depuis un bon moment.

66. TONGLEN

Il est évident que nager avec le courant est beaucoup plus facile que le faire à contre-courant.

Dans une période où les hommes se méfient les uns des autres, où chacun lutte pour ses propres intérêts, la pratique du « œil pour œil, dent pour dent » semble être la norme.

Lorsque nous souffrons, au lieu de régler nos propres problèmes, nous avons tendance à décharger notre mal-être sur les autres et centrer la notion du « bien », du « juste » sur nous-mêmes.

S'abandonner à la vengeance, à la violence dans les paroles et les actes est chose facile, comme si l'on nage dans le même courant que tout le monde. On mène notre combat de survie dans un monde de loups et de requins, quoi de plus naturel?

Cependant, si nous suivons cette logique, tout le monde finira borgne et édenté. La souffrance et les ressentiments persisteront encore et toujours.

Aujourd'hui, je voudrais vous parler d'une pratique équivalente à une nage à contre-courant, issu du bouddhisme tibétain, le Tonglen.

Étymologiquement, « Tonglen » signifie « Donner et recevoir ».

Il est très simple à pratiquer en méditation (en faisant la vaisselle, à l'arrêt devant un feu rouge, bloqué dans un embouteillage, dans une queue au supermarché, ou tranquillement dans un fauteuil chez soi...):

- En inspirant très lentement, pensez: « j'inspire avec compassion toute ma souffrance (vis-à-vis de mon enfant intérieur) / toute ta souffrance (vis-à-vis d'une personne précise) / toute la souffrance du monde (vis-à-vis de l'humanité) pour la transformer».

- En expirant très lentement, pensez: « j'expire la paix et la bienveillance pour que la compassion puisse me transformer / te transformer / transformer ce monde ».

Avec la pratique régulière du Tonglen, notre esprit, qui est habituellement une décharge où les ordures s'accumulent depuis des années, va se transformer en une usine de recyclage où chaque déchet sera transformé en œuvre d'art, pour notre bonheur et celui des autres.

Tonglen nous aidera à guérir notre enfant

intérieur, à dissoudre progressivement notre ego.

Il nous apprendra à adopter une vision de plus en plus optimiste vis-à-vis du monde qui nous entoure.

Croyez-moi ou pas, au fil du temps, vous pouvez même apprivoiser les requins et danser avec les loups.

Chaque fois que vous croiserez une personne dans votre vie, vous laisserez une empreinte dans son cœur en réveillant la gentillesse qui sommeille en elle.

Et le monde sera en paix, exactement comme celui de vos rêves!

67. LE CHANT DU COQ

Nous avons tous entendu le chant d'un coq, quel que soit l'endroit où nous vivons. S'il est évident que pour nous, le coq chante toujours de la même façon, peu importe où nous nous trouvons, son chant n'est absolument pas perçu de la même manière par tous les peuples.

Ainsi, le coq vietnamien utilise une seule voyelle mais avec des tons: « ò ó o ooo ». Le coq français ajoute des consonnes pour faire un « cocorico ». Le coq américain est un linguiste: « cock-a-doodle-doo ». Son homologue irlandais est un orthophoniste diplômé, capable de chanter: « mac na hóighe slán ». Dans mon enfance, j'avais lu qu'un coq d'un pays d'Afrique chanterait « tongazoki oo ». En bref, si vous effectuez des recherches sur internet, vous découvrirez autant de chants de coq que de pays consultés.

Cette anecdote amusante renferme en réalité un enseignement profond. Chaque fois que nous percevons un bruit, une musique, une parole ou une histoire, son contenu passe à travers un filtre avant d'être interprété par notre cerveau. Ce filtre est la résultante de notre culture, de nos coutumes, de notre éducation, de nos expériences de vie personnelles et de notre état émotionnel du moment. Nous l'appelons la « vision égotique », car c'est ce que notre ego utilise systématiquement pour se forger une opinion sur les autres, sur la société, sur le monde, sur le bien et le mal, sur la moralité et l'immoralité, sur la justice et l'injustice. Il juge, condamne et discrimine.

Ce filtre est le point de départ des malentendus, des discordes, des conflits et des guerres. Ce que nous pensons être juste et logique ne l'est pas nécessairement pour notre interlocuteur, car chacun possède sa propre vision égotique. Nos références ne sont pas les mêmes que les leurs, et réciproquement.

Par conséquent, lorsque des paroles ou une histoire nous blessent profondément, examinons-les avec un esprit clair afin de reconnaître la responsabilité de la vision égotique dans notre souffrance. Plus nous nous en éloignons, moins nous souffrirons. Avec cette prise de conscience, nous n'entendrons plus jamais le chant du coq de la même manière, car il est simplement… ainsi!

68. APPELLE-MOI PAR MES VRAIS NOMS

Je ne peux m'empêcher de partager avec vous ce magnifique poème du maître zen vietnamien Thich Nhat Hanh. Il y a plusieurs décennies, lorsque j'ai fait mes premiers pas sur le chemin du zen, sa lecture m'avait profondément secoué, au point de pleurer à chaudes larmes.

Ce poème a ouvert mes yeux sur l'inter-existence de tous les êtres dans le « Grand Tout », la Vacuité originelle, quels qu'en soient leurs formes, leurs moyens d'existence, leurs modes de vie, et leur degré d'ignorance qui crée de la souffrance chez autrui.

Il a intensément élargi les portes de la compassion dans mon cœur et m'a orienté vers la voie des bodhisattvas, ceux qui ont fait le vœu d'aider les autres êtres sensibles à s'éveiller tant qu'il en reste dans ce monde.

Aujourd'hui encore, chaque fois que je récite ce poème devant une assemblée, lors de retraites bouddhistes, l'émotion me serre toujours la gorge et une larme coule discrètement de mes yeux.

Ce poème a été mis en musique et chanté aux Village des Pruniers, une communauté bouddhiste fondée par le maître Thich Nhat Hanh. Je vous invite à le lire et à le relire, jusqu'à ce que vous ressentiez toute sa profonde signification et sa merveilleuse beauté.

« Appelle-moi par mes vrais noms
Ne dis pas que je partirai demain
Car je nais aujourd'hui encore.
Regarde profondément : je nais à chaque seconde.
Je suis un bourgeon sur une branche au printemps.
Je suis un petit oiseau aux ailes encore fragiles
Qui apprend à chanter dans son nouveau nid.
Je suis une chenille au cœur d'une fleur.
Je suis un joyau caché dans la roche.
Je ne cesse de naître, pour rire et pour pleurer,
Pour craindre et espérer.
Le rythme de mon cœur, c'est la naissance
Et la mort de tous les êtres en vie.
Je suis l'éphémère se métamorphosant à la

surface de la rivière

Et je suis l'oiseau qui, quand le printemps arrive,
Naît juste à temps pour manger l'éphémère.

Je suis la grenouille qui nage heureuse dans l'étang clair

Et je suis l'orvet qui, approchant en silence, se nourrit de la grenouille.

Je suis l'enfant d'Ouganda, je n'ai que la peau et les os,
Mes jambes aussi minces qu'un bambou fragile

Et je suis le marchand d'armes qui vend des armes mortelles en Ouganda.

Je suis la jeune fille de 12 ans, réfugiée sur un esquif
Qui se jette dans l'océan après avoir été violée par un pirate

Et je suis le pirate, mon cœur encore aveugle, incapable de voir et d'aimer.

Je suis un membre du Politburo, ayant tant de pouvoir entre les mains

Et je suis l'homme qui doit payer sa « dette de sang » à son peuple,
Agonisant lentement dans un camp de travail.

Ma joie est comme le printemps, si chaude qu'elle fait fleurir les fleurs sur tous les chemins de la vie.

Ma souffrance est comme une rivière de larmes, si pleine qu'elle remplit les quatre océans.

S'il vous plaît, appelez-moi par mes vrais noms

Que j'entende ensemble mes cris et mes rires,
Que je voie ma joie mais aussi mes peines.
S'il vous plaît, appelez-moi par mes vrais noms
Pour que je puisse me réveiller
Et pour que reste ouverte la porte de mon cœur,
La porte de la compassion. »

Maître Zen Thich Nhat Hanh
(1926-2022)

69. VOIR L'INVISIBLE

Le 21ᵉ siècle est celui de l'imagerie médicale. Les avancées technologiques dans ce domaine donnent une puissance inégalée jusque-là à la médecine moderne. Le corps humain peut être coupé en fines tranches et reconstruit dans tous les plans en 3D. Les lésions visibles sont de plus en plus fines. L'IRM fonctionnelle permet de visualiser l'activité cérébrale en temps réel, en enregistrant des variations locales des propriétés du flux sanguin cérébral lorsque ces zones sont stimulées.

On peut penser que bientôt, les algorithmes pourront, à partir des zones activées de notre cerveau, deviner notre état mental (calme ou stressé), nos pensées, et pourquoi pas, nos intentions.

Peut-être même qu'un jour, on inventera le « lovemètre » appliqué sur la poitrine pour mesurer l'intensité de notre amour pour quelqu'un, dont l'unité sera le « Lov ».

Je vois les gros titres des journaux du futur:

« Grâce à la 7G, il a envoyé 2000 Lov à son amoureux vivant à 13.000 km en 1/10e de seconde », ou encore « Une patiente hospitalisée en urgence: un choc de 10.000 anti-Lov a brisé son cœur », voire « Blessée par son conjoint jaloux car son lovemètre affiche un score négatif »... C'est terrifiant, n'est-ce pas?

Soyez rassuré, c'est juste un film de science-fiction né de mes délires neuronaux ce soir! Il y a des choses que nous ne pourrons jamais mesurer, car elles appartiennent au domaine du subtil, telles que l'amour, les relations interhumaines, les émotions et la souffrance…

Pourtant, tous les jours, bien des patients souhaitent réaliser des scanners ou des IRM pour « voir » ce qui ne va pas dans leur cerveau ou leur corps, afin d'expliquer les symptômes d'un profond mal-être qu'ils traînent depuis des années sans solution valable, les médicaments étant tous inefficaces.

Saint-Exupéry avait justement dit « On ne peut bien voir qu'avec le cœur, l'essentiel est invisible pour les yeux! ».

Cependant, pour voir avec le cœur, il nous faut son intelligence, basée sur l'empathie, la compassion et la compréhension émotionnelle.

L'intelligence du cœur est la seule qui saura distinguer la souffrance de la méchanceté, l'amour de l'attachement, le lâcher-prise de l'indifférence, l'acceptation de la soumission, et la vraie délivrance du changement de maître à servir.

Elle naît de l'éveil spirituel, est subtile et non mesurable par un Quotient Intellectuel.

C'est elle seule qui fait la grandeur de l'être, au-delà de toute apparence visible.

70. L'ESPRIT (LE CŒUR) VIDE

Si vous vous rendez au temple Obaku, à Kyoto, vous verrez gravés au-dessus de la porte les mots : « Le Premier Principe ». Les lettres de cette inscription sont d'une taille peu commune, et les amateurs de calligraphie la considèrent comme un chef-d'œuvre du genre. Elle a été dessinée par le maître Zen Kosen il y a deux siècles.

Voici son histoire :

Maître Kosen s'appliqua à réaliser sa calligraphie sur un grand papier qui serait donné au graveur pour la reproduire sur le bois. Tandis qu'il travaillait, un élève effronté se tenait près de lui. Celui-ci avait préparé plusieurs litres d'encre à cette fin et ne se privait pas de critiquer le travail de son maître.

— Cette calligraphie n'est pas belle, dit-il après la première esquisse.

— Et celle-ci?

— Non plus. Elle est encore moins belle que la première.

Kosen noircit patiemment quatre-vingt-quatre feuilles, sans parvenir à satisfaire son élève.

Enfin, comme le jeune homme s'était absenté pour quelques instants, Kosen se dit: « Voici ma chance d'échapper à son œil critique » — et il traça hâtivement: « Le Premier Principe », sans être distrait par la présence de l'élève.

Lorsque celui-ci revint, il s'écria: — C'est un chef-d'œuvre, Maître!

Profitons de cette histoire pour comprendre l'une des notions fondamentales du zen: « l'Esprit (le Cœur) Vide ». Lorsque nous effectuons une action (en dehors des tâches automatiques effectuées dans le cadre de notre travail), nous visons habituellement deux choses:

- Apaiser une émotion qui tenaille notre esprit: la colère, la peur, l'anxiété, la tristesse, la frustration, la honte, le regret…

- Satisfaire notre ego en montrant aux autres notre force, nos capacités, nos talents, notre courage, notre bonté, notre belle image… pour recueillir les félicitations, l'admiration ou les remerciements, bien souvent de façon inconsciente.

De ce fait, l'action manque souvent son but réel. Nombreux d'entre nous peuvent même rater une bonne partie de leur vie en voulant toujours plaire aux autres, être conformes aux normes, ou au contraire combattre tout et n'importe quoi, n'importe qui pour apaiser un mal-être émotionnel profond.

Si notre seul moteur est la compassion tournée vers autrui, sans l'exigence de l'ego d'un « retour sur investissement », notre Cœur/Esprit devient vide et l'action sera spontanée, sans but.

À ce moment-là, tout pourra être créé de façon parfaite.

71. LE BOUDDHA AU NEZ NOIR

Parmi les histoires zen transmises depuis des siècles, celle d'une nonne qui consacra sa vie à rechercher la grâce suprême du Bouddha est particulièrement éloquente. Elle demanda à un artisan de confectionner une petite statue du Bouddha recouverte de feuilles d'or qu'elle emporta partout lors de ses pèlerinages.

Un jour, elle arriva dans un petit temple d'un village où de multiples statues de Bouddha trônaient sur l'autel. Pour éviter que la fumée de ses bâtons d'encens n'atteigne les autres statues, elle fabriqua un petit entonnoir pour diriger la fumée directement vers la sienne. Au fil du temps, le nez de sa statue de Bouddha devint noir comme du charbon.

Lorsque les conditions de vie deviennent difficiles, notre instinct de survie accentue nos tendances égoïstes. Le « moi », puis le « mien », les « miens / miennes » deviennent de plus en plus marqués lorsque la pénurie se fait sentir, au détriment de tout bon sens. Malgré les discours sur le partage et l'altruisme, la peur de manquer nous ramène à des comportements primitifs de lutte ou de fuite, inscrits dans nos gènes depuis des millénaires.

Par ignorance, nous exacerbons notre condition et condamnons les plus vulnérables. Prendre du recul et se pencher sur notre propre nature sont essentiels. Les moments les plus difficiles de notre vie sont des épreuves qui révèlent l'ampleur de notre ego, directement proportionnelle à notre souffrance. Lorsque l'ego domine, rien d'autre ne compte. Même les conseils les plus avisés et les prières les plus sincères sont détournés vers nos propres besoins, notre propre survie.

Le nez de notre Bouddha intérieur, pourtant en or, devient alors visiblement noirci par la suie tenace de l'ego, difficile à effacer.

72. UN VRAI DON, UNE VRAIE AIDE

Un jour, en traversant un marché pour rentrer au monastère, un jeune moine remarqua qu'un vendeur avait capturé beaucoup de grenouilles et les avait mises dans une cage pour les exposer aux passants. N'écoutant que son cœur, le jeune moine vida ses poches, acheta toutes les grenouilles et les laissa partir vers un ruisseau.

Rentrant en courant au temple, il raconta fièrement à son maître: « Maître, j'ai libéré toutes les grenouilles ». Cependant, ce dernier, contrairement à son attente, ne lui adressa point de félicitation.

Remarquant son air étonné, le maître lui expliqua alors: « C'est parce que tu as dit que c'est toi qui les as libérées ».

Une des souffrances les plus fréquentes est celle où la personne se sent injustement traitée par les autres malgré toute l'aide qu'elle leur a apportée depuis des années. J'entends très souvent ce discours d'indignation: « Quand ils avaient besoin de moi, j'étais toujours là. Je ne dis jamais non lorsqu'on me demande de l'aide. « Trop bon, trop con ». Maintenant que j'ai besoin des autres, il n'y a plus personne pour m'aider. C'est assez, je ne veux plus être là pour personne! Je ne comprends pas pourquoi ça ne tourne pas rond. Mais qu'est-ce qui ne va pas?»

Je vais utiliser les paroles du maître zen pour vous expliquer: « c'est parce que vous avez dit que c'est vous qui les avez aidés! »

Le « moi », c'est ce mot de trop qui nous plonge dans la souffrance. Lorsque l'ego est là, notre don n'est pas gratuit, notre aide n'est pas désintéressée ni inconditionnelle. Inconsciemment, nous devenons des créanciers, nous prêtons en pensant pouvoir récupérer notre mise un jour, et peut-être parfois avec un petit bénéfice. Nous nous leurrons avec notre image de bienveillant, de sauveur, de pilier où tout le monde peut s'y appuyer… et nous souffrons de déception et devenons aigris lorsque la réaction de notre entourage n'est pas celle que nous attendons.

En vérité, un don ne peut être complètement gratuit que s'il ne met pas le donneur dans le besoin.

Notre aide ne peut être complètement désintéressée que si nous sommes en plénitude, suffisants à nous-mêmes.

« Les grenouilles sont libérées », « ceux qui souffrent sont aidés ». Qui est derrière tout cela? Personne. Juste l'amour ou la compassion qui doit être partagée lorsqu'elle est pleine et débordante.

C'est notre vraie nature, et elle n'est pas limitée par les frontières du soi.

73. LA CINQUIÈME DIMENSION

« C'est un beau roman, c'est une belle histoire… Il rentrait chez lui, là-haut vers le brouillard, elle descendait dans le Midi. Ils se sont trouvés au bord du chemin, sur l'autoroute des vacances. C'était sans doute un jour de chance. Ils avaient le ciel à portée de main. Un cadeau de la providence… »

Nous connaissons tous cette belle chanson de Michel Fugain où l'amour naît d'une rencontre fortuite entre un homme et une femme dont les chemins se croisent à un moment de leur vie.

Si nous examinons les conditions nécessaires

pour que cet instant puisse exister, nous constatons que les trois dimensions habituelles de l'espace ne suffisent pas. En effet, leurs routes peuvent très bien se croiser géographiquement, mais quelques minutes de décalage auraient suffit pour qu'ils ne se rencontrent jamais. Cette quatrième dimension est celle du temps, et plus précisément du « synchronisme »: les deux protagonistes doivent être au même endroit au même moment.

Cependant, il leur manque encore une cinquième dimension que nous appelons « synchronicité »: si l'un des deux n'est pas en attente, n'est pas libre, ou n'est pas prêt à commencer une relation, leur amour ne pourra pas naître même s'ils se trouvent face à face.

La synchronicité met en évidence des liens invisibles qui relient toute chose dans l'Unité, mais qui se dissolvent lorsque nous fermons les frontières du soi, créant la Dualité entre « moi » et « les autres ».

Comprendre cette notion de synchronicité est fondamental pour alléger notre vie. En effet, nous attendons toujours une multitude de choses, impatients de les voir se réaliser et déçus de ne pas les voir arriver ou se concrétiser.

Être en synchronicité avec l'univers, c'est avoir la patience d'attendre le bon moment où ses rêves vont se réaliser, de même que l'on évite de manger un fruit lorsqu'il est encore vert.

Être en synchronicité avec l'univers, c'est aussi accepter que certains désirs ne puissent être satisfaits par manque de cette cinquième dimension, et continuer de garder la conviction que tout ce qui arrive ou qui n'arrive pas est toujours le meilleur.

Mais être en synchronicité avec l'univers, c'est surtout se préparer à être prêt lorsqu'une occasion se présente. Aussi, posons-nous chaque jour cette question: « Suis-je prêt à accueillir mon rêve lorsqu'il arrivera? » et nous verrons qu'il nous manquera toujours une dernière chaussure à enfiler au moment tant attendu.

74. RESPIRE ET REVIENS À LA MAISON

Lorsque l'avenir te semble obscur,
Dans un monde triste et désolant,
Couvrant ton âme de blessures,
T'enfermant dans ses pires tourments.

Respire et reviens à la maison,
Dans ta belle et solide demeure
Où il fait doux aux quatre saisons,
Où sont conservés joie et bonheur.

Quand les vagues émotionnelles se succèdent,
Te blessant par leurs frappes incessantes,
À l'horizon tu ne vois point d'aide,
Seule la solitude est toujours présente.

Respire et reviens à la maison.
Ferme doucement la porte et laisse
Tempêtes et menaces, toutes ces illusions,
Hors et loin de ta forteresse.

Lorsque le passé emprisonne tes pensées,
T'empêchant de faire le moindre pas.
Ses démons enterrent ta liberté
Et gardent tes souffrances dans leurs bras,

Respire et reviens à la maison,
Là où t'attend un amour merveilleux,
Où pleine conscience, sagesse et compassion,
T'aideront à construire un futur heureux.

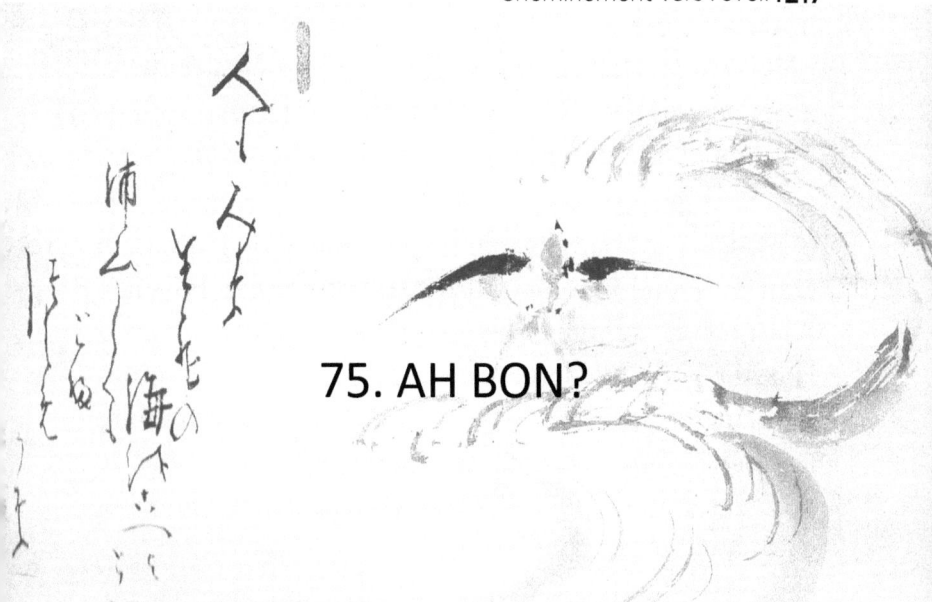

75. AH BON?

Le maître zen Hakuin vivait dans une ville du Japon, où il était très estimé et de nombreuses personnes venaient l'écouter dispenser ses enseignements spirituels. Un jour, la fille adolescente de son voisin tomba enceinte. Les parents de cette dernière se mirent en colère et la réprimandèrent pour connaître l'identité du père. La jeune fille leur avoua finalement qu'il s'agissait d'Hakuin. Les parents, en colère, se précipitèrent chez lui en hurlant que leur fille avait avoué qu'il était le père de l'enfant. Il leur répondit simplement: « Ah bon? »

La rumeur du scandale se répandit dans la ville et au-delà. Le maître perdit sa réputation et plus personne ne vint le voir. Mais cela ne sembla pas ébranler Hakuin, qui resta impassible, comme si cette histoire ne le concernait pas.

Quand l'enfant vint au monde, les parents le

menèrent à Hakuin en disant: « vous êtes le père, alors occupez-vous en! ». Le maître prit grand soin de l'enfant et alla partout mendier du lait pour lui.

Un an plus tard, prise de remords, la jeune fille confessa à ses parents que le véritable père de l'enfant était un jeune homme qui travaillait chez le boucher. Alarmés et affligés, les parents se rendirent chez Hakuin pour lui demander pardon: « Nous sommes réellement désolés. Nous sommes venus reprendre l'enfant. Notre fille a avoué que vous n'étiez pas le père ». Le maître leur répondit en leur tendant le bébé: « Ah bon? »

Parfois, nous avons l'impression que la vie s'acharne sur nous. Nous souhaitons simplement mener une vie tranquille, sans histoire et voilà que les ennuis arrivent sans cesse, ne nous laissant pas un seul instant de répit: accidents, maladies, chômages, conflits familiaux, professionnels, calomnies, médisances, jugements, moqueries...

Notre monde semble tourner dans le mauvais sens, celui que nous rejetons de toutes nos forces. Et nous luttons, encore et encore, pour rétablir la vérité, la justice, pour crier notre rage d'être malchanceux, ici et maintenant.

Certains d'entre nous, nostalgiques, regrettent un passé magnifié par l'imaginaire. D'autres, pessimistes, s'effrayent déjà devant un futur sombre et sans issue.

Nous voulons montrer que nous sommes forts et solides comme le Chêne de la fable de La Fontaine, toujours debout contre vents et marées, jusqu'au jour où nous nous avouons vaincus, déracinés et aigris à tout jamais, broyés par ce monde extérieur impitoyable.

La spiritualité orientale adopte une attitude inverse, celle du Roseau qui se plie dans la tempête, acceptant mensonges et vérités, chances et malchances, justice ou injustice comme les deux facettes d'une même illusion. Ce n'est pas de la lâcheté, ni de l'indifférence, ni même de la résignation ou du fatalisme.

Le maître Hakuin a simplement vu qu'à ce moment-là de sa vie, il devait rencontrer cet enfant, l'élever et l'aimer. Sans cela, peut-être que la première année de vie de ce dernier, rejeté par sa mère et ses grands-parents, aurait été beaucoup moins rose. C'est ainsi que les choses devraient se passer. Elles ont toujours un sens, même si nous ne le voyons pas encore.

Tout le reste (réputation, amour-propre, sentiment d'injustice...) n'est que des besoins de l'ego, donc sans importance pour lui.

Si nous arrivons à garder l'esprit équanime devant chaque événement de notre vie et acceptons ses deux facettes lumineuses et sombres qui coexistent, nous traverserons tous ces obstacles et tempêtes dans la sérénité.

« Ah bon ? »

La vérité est juste ainsi.

76. S'ÉLEVER

Monsieur P. est venu en consultation il y a quelques jours, dans un état lamentable. Aigri et déçu après de nombreux combats perdus pour rétablir la justice, il peste contre tout ce qui l'entoure: le monde, la société, le gouvernement, les gens, sa famille, ses enfants… Rien ne semble trouver grâce à ses yeux. Sa voix porte le ton de la colère, dénonçant la fourberie de l'être humain, les injustices sociales, les frustrations devant la bêtise et l'ingratitude de ses proches. Son langage ne comprend que des mots violents, traitant autrui de tous les noms d'oiseaux et révèle d'importantes frustrations.

Après une longue discussion, il a fini par reconnaître qu'il avait fait le vide autour de lui en ayant la « main lourde » lorsqu'il ressentait des critiques et animosités envers lui. Il a tenté en vain de faire des efforts pour améliorer ses relations. Sa vie est comme dans un labyrinthe où il tourne en rond, entouré de problèmes.

Je lui ai parlé d'une méthode de travail de l'esprit qui pourrait l'aider à s'en sortir : s'élever !

S'élever dans la vision consiste à ne pas regarder que le « mauvais » côté des événements et des êtres mais également leur face lumineuse pour acquérir un point de vue plus global de la réalité.

S'élever dans la pensée consiste à considérer des événements et des êtres « tels qu'ils sont », sans préjugé ni jugement de valeur pour aider l'esprit à tendre vers l'équanimité.

S'élever dans la parole consiste à éliminer tous les mots durs, blessants, violents, trompeurs et manipulateurs de son vocabulaire et à utiliser leur puissance pour consoler, encourager, amener la paix, la réconciliation et l'amour.

S'élever dans l'action consiste à lutter de façon pacifique contre l'injustice autour de soi avec comme seule arme la compassion, sans colère ni haine dans son cœur, en cultivant la patience et la tolérance. Ainsi, les manches perdues n'y laisseront plus jamais d'amertume. Elles ne diminueront point le courage de retourner au front, en commençant par combattre le principal adversaire en nous, notre ego.

En nous élevant au-dessus du labyrinthe de notre vie, nous verrons facilement les culs-de-sac à éviter et les meilleurs chemins à emprunter. De surcroît, un cœur paisible et léger, débarrassé de sa chape de plomb, sera notre récompense !

77. LES VENTS DE LA VIE

Su Dong Po, un grand poète de la dynastie des Song, était un ami proche du maître zen Fo Yin. Pratiquant assidu, il cherchait souvent à prouver à Fo Yin qu'il avait atteint un haut niveau dans la maîtrise de son esprit.

Un jour, il fit envoyer un beau poème au maître zen décrivant l'état d'un esprit illuminé, qui reste immobile malgré les bourrasques des « 8 Vents ».

Dans l'enseignement bouddhiste, les « 8 Vents » qui peuvent faire vaciller l'esprit sont: l'avidité des biens matériels, le regret excessif des pertes, la blessure de jugements d'autrui, la satisfaction des éloges de ses prochains, l'orgueil face aux honneurs reçus, la colère devant des médisances envers soi, le rejet des situations inconfortables et la recherche de stimulations agréables.

Connaissant son ami et pour tester son esprit, Fo Yin lui renvoya le poème avec un commentaire: « juste un pet! ».

Recevant la lettre, Su Dong Po se mit en colère et traversa lui-même la rivière pour se rendre au monastère où siège le maître zen. En le voyant, il hurla: « Qu'avez-vous trouvé d'anormal dans mon poème pour le juger ainsi? »

Fo Yin lui répondit malicieusement: « Dans votre poème, vous parlez de l'esprit qui ne bouge pas malgré les bourrasques des « 8 Vents ». Et là, un seul « petit vent » vous a déjà fait traverser la rivière! ».

Su Dong Po éclata de rire, comprenant la leçon du maître.

Ces derniers temps, j'ai été témoin de beaucoup de souffrances dans mes consultations. Il y avait celles rencontrées au travail, où de nombreuses personnes y amènent leur mal-être personnel pour le décharger sur leurs collègues ou leurs subordonnés. Il y avait également celles des conflits familiaux, des disputes interminables qui aboutissent à la violence, des plaintes, des procès, des guerres entre parents séparés où les enfants sont des otages et des victimes.

Nous souffrons constamment des bourrasques de ces « 8 Vents », qui, à première vue, semblent tous venir d'autrui, de notre environnement toxique.

Cependant, si nous avons le courage de regarder nos souffrances avec lucidité, nous verrons que ces tempêtes émotionnelles naissent toutes de notre esprit non entraîné, qui s'attache aux blessures de l'ego sans pouvoir s'en libérer.

Le vrai changement ne vient pas de l'extérieur, mais dans l'apaisement de notre propre esprit par un lâcher-prise.

Ne traversons pas la rivière pour un petit vent. Il nous suffit de sourire, maintenant que nous connaissons le piège!

78. ALIMENTAIRE, MON CHER WATSON !

L'été est la saison où l'alimentation prend une place prépondérante dans notre société. Les vacances, les fêtes, les repas familiaux, entre amis... nous amènent vers des excès alimentaires. À l'inverse, les maillots de bain et les balances nous font pencher vers la modération. La télévision et les magazines vantent des spécialités du terroir, des produits locaux, bio, des recettes de chefs... qui nous invitent à manger sain et équilibré tout en gardant du plaisir.

Je voudrais profiter de l'occasion pour vous parler de deux autres niveaux « alimentaires » que certains oublient, mais qui sont également indispensables à notre équilibre.

Les premiers sont des « aliments intellectuels ». Notre cerveau a tendance à opter pour la facilité. Un jeu vidéo, avec ses images belles à couper le souffle et ses scénarios riches en rebondissements, un bon film d'action ou sentimental semblent souvent suffire à nourrir notre cerveau toujours assoiffé de nouveautés. Cependant, avec du recul, nous pouvons constater que ce monde est bien limité par la programmation de ses concepteurs et ne nous permet pas de rêver au-delà de leurs créativités.

Albert Einstein avait donné son avis sur les cerveaux des enfants: « Si vous voulez avoir des enfants intelligents, lisez-leur des contes de fées! Et si vous souhaitez qu'ils soient très intelligents, lisez-leur des contes de fées! »

Pourquoi, me direz-vous? Parce que notre imagination dépasse largement le cadre de l'histoire, du décor, des personnages créés par l'auteur. C'est la raison pour laquelle nous sommes souvent déçus lorsque l'histoire de notre enfance devient un film, ce dernier étant toujours moins beau que dans notre imaginaire.

Les livres nous font rêver et voyager. Ils ouvrent notre vision sur le monde, sur les mœurs, sur les peuples que nous n'avons jamais rencontrés. Ils alimentent notre imagination, notre créativité, nous approchent des différents courants de pensée et points de vue. Nous acquérons l'intelligence du cœur par la compréhension des mécanismes profonds de ce monde. La culture (dont l'art) est ainsi un excellent aliment pour notre cerveau.

À un niveau encore plus élevé, notre bonheur

sera parfait avec une nourriture spirituelle. C'est l'alimentation qui nous amène vers la réalisation de soi en nous libérant progressivement de nos excès d'émotions, de nos pertes de contrôle devant autrui, de nos excès de langage et nos actions spontanées qui créent de la souffrance à notre entourage.

Ces produits sont encore plus « terroirs », puisqu'ils se trouvent en nous, portés par notre enfant intérieur que nous avons souvent tendance à délaisser pour courir derrière des futilités.

Finalement, pour maintenir un équilibre à tous les niveaux, c'est juste alimentaire, mon cher Watson!

79. DEUX JOURS PARTICULIERS

Un jour, le Dalaï Lama a donné ce merveilleux enseignement : « Il y a deux jours dans une vie où l'on ne peut rien faire : hier et demain. » Plutôt que de nous conseiller de « vivre le moment présent » ou « d'être ici et maintenant », il nous montre que ceci n'est pas une recommandation, mais un constat : nous ne pouvons pas faire autrement que de vivre l'instant présent, ici et maintenant.

L'idée est simple : le passé est déjà terminé. Il est derrière nous. Nous ne pouvons plus rien faire pour le changer ou l'améliorer. Quant au futur, ce que nous projetons de faire prochainement n'est pour l'instant que pure spéculation ! Qui d'entre nous peut affirmer qu'il sera encore vivant à cette date, ni comment les choses vont se présenter.

Aujourd'hui est le seul jour où nous pouvons réparer les erreurs du passé et préparer l'avenir, en acceptant que les résultats ne seront pas forcément conformes à nos souhaits. Aujourd'hui est également le jour où nous récoltons ce que nous avons semé dans le passé. Ceux qui avaient planté du blé peuvent maintenant manger du pain. Ceux qui avaient fait pousser des pommes de terre peuvent en savourer leurs frites. Ceux qui avaient négligé le soin de leurs jardins se retrouvent sans rien. Ici, il n'y a pas de comparaison ni de jugement de valeur. Chaque arbre a ses fruits. Les choix que nous avons faits dans le passé se traduisent dans le présent et nous devons les assumer.

Cependant, notre esprit est souvent loin de comprendre cette évidence. Il vagabonde sans cesse dans le passé avec des regrets. Il établit des scénarios du « si » : si seulement ceci, cela avait été différent, alors… il aurait pu être mieux. Il voyage en même temps dans un futur lointain, incertain et générateur d'angoisse. Ainsi, la plupart d'entre nous oublient de vivre pleinement le présent et omettent également de préparer le futur avec sérénité.

« Ils vivent comme s'ils n'allaient jamais mourir et meurent comme s'ils n'avaient jamais vécu », avait remarqué le Dalaï Lama.

Aussi, à cet instant, revenons vers notre enfant intérieur par une respiration consciente. Soyons éveillés au fait que nous sommes l'œuvre de notre passé et l'architecte de notre futur.

Laissons notre esprit se reposer de ces deux jours particuliers et œuvrons avec joie et plénitude à la construction de ce moment présent. C'est de cette façon que notre avenir sera merveilleux et transcendant.

80. UNE POIGNÉE DE SEL

Un jour, une femme se présenta devant le Bouddha Sakyamuni et lui demanda:

« Maître, une personne m'a fait du tort il y a une vingtaine d'années mais je n'arrive toujours pas à lui pardonner. Chaque fois que je repense à ce fait, la colère monte toujours en moi. Je n'arrive pas à lâcher prise. Que dois-je faire? »

Le Bouddha lui répondit: « Si l'on jette une poignée de sel dans un verre d'eau, l'eau devient imbuvable. Cependant, si l'on jette la même poignée de sel dans une rivière, comme elle est vaste et coule constamment, l'eau restera buvable ».

Souvent, lorsque nous sommes en colère, notre esprit se remplit de l'image du coupable présumé et de ses offenses envers notre personne. Notre ego cherche automatiquement des mots de riposte, voire des voies d'attaque et de vengeance. Notre double, l'ignorant et sans-cœur Mr Hyde, revient en force et remplace le gentil Dr Jekyll présent dans nos pensées.

Notre mental fixe l'histoire, s'y attache, et rend toute chose immobile et immuable, tel ce verre d'eau dans lequel on vient de jeter une poignée de sel. La pureté de l'eau est gâchée. Elle sera en permanence salée et imbuvable. Cette injustice est insupportable et la réparation est de mise.

Dans ce petit conte, le Bouddha nous rappelle deux faits:

Tout d'abord, la raison d'être et la durée de nos colères dépendent de notre grandeur d'âme. Si la compassion qui habite notre cœur est aussi large qu'une rivière, une offense ne pourra changer sa nature. La colère s'y diluera rapidement et l'eau restera buvable et désaltérante. Nous serons capables de pardonner, de laisser les émotions disparaître rapidement, sans être fortement affectés par elles. Certains d'entre nous subissent difficilement des relations toxiques avec leurs entourages. Pardonner ne veut nullement dire accepter ces conditions de vie. Nous pouvons faire le choix de nous séparer des personnes qui ignorent leur propre souffrance et déchargent leurs frustrations sur autrui à la moindre occasion. Cependant, nous pouvons garder notre cœur de toute haine ou désir de vengeance dont nous serons les premiers à en pâtir. À chaque arbre ses fruits. Nous ne devons nous occuper que de notre propre jardin.

Le Bouddha nous rappelle également une vérité

souvent oubliée: l'impermanence de toute chose! Contrairement à l'eau dans un verre, celle de la rivière de notre vie s'écoule vers l'océan sans jamais revenir en arrière. Le passé, même très proche, est terminé. Amener avec soi tous ses mauvais souvenirs, ses tourments, ses ressentiments…ne fait que gâcher l'instant présent et le futur à venir.

Savoir tourner la page, se diriger vers le renouveau, recréer la paix et l'harmonie à chaque moment nous permettra de rester toujours serein dans les tempêtes inévitables de la condition humaine.

Que les poignées de sel soient des épreuves qui nous rendent plus humbles, plus compréhensifs, plus humains.

Qu'elles rendent notre cœur plus large, notre ego plus réduit et notre bonheur plus altruiste.

81. RECUEILLEMENT DU SOIR

Je m'assois. Juste vingt minutes.
Une longue journée vient de se terminer.
Que de tiroirs pas encore refermés et déjà fatigué:
• Des affaires à régler demain, après-demain, plus tard…
• Des émotions traînées depuis des heures: colère, stress, regrets, lassitude…
• Des frustrations, des « pourquoi » et des « si »
• Des angoisses du lendemain: travail, collègues, chefs…

J'inspire lentement, profondément, mon abdomen se gonfle…revenir vers soi, vers l'instant présent.
J'expire lentement, profondément, mon abdomen se rétracte…Je me renvoie la paix et la bienveillance.

Je ferme les tiroirs, un à un:

- À chaque jour suffit ses peines. Je laisse à demain le travail de demain
- Je calme mes émotions. Elles sont illusoires et éphémères. Je les crée, je les éteins. Je suis le seul maître à bord.
- J'accepte mes frustrations. Pas de « pourquoi » ni de « si ». La vie me réserve toujours le meilleur.
- Demain, je serai plus apte à gérer mes relations avec un ego plus réduit. Je ferai des excuses et réparerai mes erreurs.

J'inspire lentement, profondément, mon abdomen se gonfle…Je suis heureux d'être ici et maintenant. Lâcher prise.

J'expire lentement, profondément, mon abdomen se rétracte…Je souhaite l'éveil à tous ceux que j'aime et à ceux que j'ai encore du mal à comprendre et à accepter.

Mes tiroirs sont fermés. Je détends progressivement tous mes muscles, de la tête aux pieds.

Je suis prêt à aller me coucher.

J'inspire lentement, profondément, mon abdomen se gonfle…J'éprouve une profonde gratitude après cette journée bien remplie.

J'expire lentement, profondément, mon abdomen se rétracte…J'envoie la paix à tous les êtres vivants.

Bonne nuit, l'Univers, je vous rejoins.

82. HOSTILITÉ

Je la connais depuis longtemps. À chaque consultation, elle se présente en mode "guerrière", prête à affronter son entourage. Toujours tendue, voire enragée, jamais satisfaite. Pour elle, le monde représente une menace permanente, ce qui justifie son attitude hostile envers les autres: d'abord son conjoint (qui vient de partir en courant), puis son patron et ses collègues de travail.

Dès qu'elle arrive, elle commence à déverser ses reproches sur leurs actions, souvent de manière accusatrice, parfois moqueuse, suivis de menaces de représailles. Son hostilité envers son entourage est telle que même leurs gestes bienveillants sont interprétés comme des manipulations. Je ne peux que garder le silence et l'écouter, de peur d'être moi-même accusé de complaisance envers ses ennemis.

Je sais qu'elle souffre à cause de ses blessures

d'ego. Tant qu'elle ne prend pas conscience que ses problèmes découlent de son comportement, le chemin vers la guérison risque d'être long, très long…

Selon une étude publiée dans l'EJCN (European Journal of Cardiovascular Nursing), l'hostilité pourrait être considérée comme un facteur de risque de récidive des crises cardiaques[1]. Pour parvenir à cette conclusion, les médecins de l'université de Tennessee à Knoxville ont suivi pendant 24 mois 2 321 patients ayant déjà subi un infarctus du myocarde. Leur hostilité a d'abord été évaluée à l'aide du questionnaire MAACL (Multiple Adjective Affect Checklist), qui mesure les traits de personnalité. L'âge moyen des participants était de 67 ans. 68% des hommes et 57% des femmes étaient classés comme hostiles selon le test de personnalité.

« L'hostilité est un trait de personnalité qui englobe le sarcasme, le cynisme, la rancœur, l'impatience ou l'irritabilité », explique le Dr Tracey Vitori. Ce n'est pas un événement ponctuel, mais une caractéristique qui façonne la façon dont une personne interagit avec les autres. Selon elle, améliorer le caractère et le comportement des patients victimes d'infarctus du myocarde, comme arrêter de fumer ou faire de l'exercice, est une manière de prendre le contrôle de son mode de vie et ainsi d'éviter le risque de récidive.

Encore une fois, l'ego est le principal responsable de nos déséquilibres émotionnels. Il affecte notre corps et réduit considérablement notre durée et notre qualité

---

1 *https://www.eurekalert.org/pub_releases/2020-09/es-oc-hlw091120.php*

de vie. L'ego n'est pas nous, car il ne nous aime pas!

Réduisons-le et retrouvons la confiance en nous-mêmes, puis en les autres. Le monde n'est pas un champ de bataille et notre corps n'est pas forcément une victime de guerre, sauf si nous le permettons!

83. FENÊTRES DE L'ÂME

En 1989, les chercheurs Kellerman, Lewis et Laird ont publié un article intéressant dans le Journal of Research in Personality, intitulé « Regarder et aimer: Les effets du regard mutuel sur les sentiments d'amour romantique »[1]. Quarante-huit paires d'étudiants ont été regroupées pour se regarder dans les yeux pendant deux minutes après avoir discuté un petit moment ensemble.

À la fin de l'expérience, de nombreux participants étaient tombés amoureux. Il y a même eu deux mariages célébrés six mois plus tard. La majorité des participants a reconnu éprouver une plus grande attirance l'un pour l'autre, alors qu'ils ne se connaissaient pas une demi-heure plus tôt!

---
1 *https://psycnet.apa.org/record/1989-39906-001*

En effet, dès notre enfance, le contact visuel est un moyen primordial de communiquer. Plus les parents expriment leur amour en regardant les yeux de leur enfant, plus celui-ci peut se nourrir émotionnellement et se développer harmonieusement. Beaucoup d'entre nous ont l'habitude de regarder l'enfant dans les yeux seulement pour le disputer ou le féliciter. En faisant cela, nous donnons inconsciemment à l'enfant un signe d'amour conditionnel (il devrait être dans telle ou telle condition pour attirer le regard des parents) et pourrions entraîner chez lui le sentiment qu'il n'est pas inconditionnellement aimé. Pire, certains parents utilisent le refus de regarder l'enfant dans les yeux comme une forme de punition. Psychologiquement, cela pourrait être dévastateur pour son avenir, car l'enfant adoptera ce comportement plus tard vis-à-vis de son entourage, de son conjoint puis de ses enfants, créant ainsi d'autres incompréhensions, des conflits voire des rejets autour de lui.

En effet, le manque de contact visuel peut créer des handicaps visibles. Un enfant habituellement incompris devient anxieux et craintif. Il n'ose pas regarder droit dans les yeux et ne jette que des regards furtifs pour observer les réactions d'autrui. Il finira par s'éloigner des autres et s'enfermera dans ses difficultés relationnelles et d'apprentissage, par manque de confiance en lui.

On dit souvent que les yeux sont les fenêtres de l'âme. C'est vrai. Une belle histoire d'amour se passe lorsqu'un garçon demande à une fille: « Est-ce que tu m'aimes? » et elle lui répond: « Regarde dans mes yeux». Un regard profond et aimant vaut plus que mille mots.

Les chercheurs ont découvert que 3,2 secondes est la durée pendant laquelle les participants pouvaient regarder un étranger dans les yeux sans se sentir mal à l'aise. Ainsi, accepter de soutenir un regard dans la durée signifie ouvrir les fenêtres de son âme à l'autre et observer en même temps son monde intérieur. C'est également montrer sa vulnérabilité en acceptant de faire confiance. Pour cette raison, le contact visuel peut être le début d'une belle histoire… ou pas.

Cependant, avant d'ouvrir nos fenêtres, assurons-nous que notre maison intérieure soit belle, débarrassée des déchets de ressentiments, de discriminations, de haine. Décorons-la d'amour et de générosité.

En ces temps de contacts virtuels, essentiellement via smartphones et Internet, et de sourires masqués, offrons notre regard compassionnel et chaleureux aux autres. C'est un don exceptionnel qui pourrait changer le monde.

84. LÂCHER PRISE

Deux moines cheminaient le long d'une rivière pour rejoindre leur monastère. Ils avançaient avec une marche méditative, pleinement conscients de chacun de leurs pas.

Soudain, ils aperçurent une jeune fille en détresse. Elle désirait traverser la rivière à gué mais était terrifiée à l'idée d'être emportée par le courant puissant.

Sans hésitation, le moine le plus âgé prit la jeune fille sur son dos, traversa la rivière et la déposa de l'autre côté. En silence, ils reprirent leur chemin.

Une heure plus tard, incapable de se retenir, le moine plus jeune interrogea son aîné d'un air sombre: « Vénérable, vous avez transgressé un précepte. Nous n'avons pas le droit de toucher une femme, et encore moins de la porter sur notre dos. »

Le vieux moine regarda son jeune ami avec un sourire compassionnel et répondit: « Mon jeune ami, j'ai déposé la jeune fille de l'autre côté de la rivière depuis une heure. Pourquoi la portes-tu encore dans ton esprit? »

Dans notre vie, nous ne sommes pas différents de ce jeune moine. Nous traînons dans notre esprit depuis des années divers encombrants qui gâchent notre sérénité à chaque instant: différends non réglés, ressentiments, colères d'injustice, blessures d'ego, insatisfactions, frustrations, craintes du lendemain…

Nous intoxiquons notre mental avec les incessants « pourquoi », sans essayer de comprendre les besoins et les souffrances d'autrui, ni accepter que les choses soient telles qu'elles sont, c'est-à-dire qu'elles se trouvent dans leur meilleure configuration pour le moment.

L'esprit du vieux moine voit l'essentiel à effectuer à l'instant présent: aider la jeune fille à traverser la rivière. C'est le sens du lâcher-prise. Il le fait sans hésitation puis dépose l'événement pour retrouver le calme de l'esprit. C'est le lâcher-prise.

Quant à nous, pour lutter contre la prise, nous pratiquons souvent l'indifférence pour garder l'esprit serein, en nous justifiant par divers prétextes comme ce jeune moine. Cette attitude dénuée de toute compassion n'est pas du tout zen, bien au contraire!

Revenons à l'instant présent et inspectons notre esprit: qu'est-ce qui est lourd à porter que nous avons traîné depuis si longtemps sans pouvoir le lâcher? Pourquoi le laissons-nous gâcher tous les instants merveilleux de notre quotidien?

Déposons notre fardeau et soyons heureux, maintenant!

85. L'ESPRIT ORDINAIRE

Dans les temps anciens, les moines parcouraient les monastères pour apprendre le zen auprès de différents maîtres. Un jour, un moine se présenta devant le maître zen Zhao Zhou et lui demanda: « Maître, je viens d'arriver au monastère. Enseignez-moi votre zen ».

Zhao Zhou lui posa alors une question simple: « Avez-vous mangé? »

Le moine répondit: « Oui, maître ».

Zhao Zhou lui dit alors: « Allez laver votre bol! ».

À ces mots, le moine fut illuminé.

Des années auparavant, lorsque Zhao Zhou était

lui-même un jeune moine, son maître Nan Quan lui avait enseigné, lorsqu'il lui posait la même question: « L'esprit ordinaire est la voie! ».

Récemment, un dessin humoristique publié sur Facebook m'a rappelé cette histoire zen. On y voyait un homme assis devant des affiches posées sur son bureau, demandant à sa femme: « Chérie, je cherche un slogan pour soutenir le féminisme. Aurais-tu une idée? ». Elle lui répondit: « Va faire la vaisselle! ».

Cette vérité humoristique souligne combien nous sommes parfois loin de la voie juste. Nous parlons de grandes œuvres alors que nous sommes incapables d'effectuer de petites tâches en pleine conscience: respirer, marcher, manger, parler, travailler…

Nous parlons d'amour, de compassion, de grandeur d'âme, de lumière, du ciel… mais nous oublions souvent que ces grands mots sont contenus dans les petits gestes simples de la vie quotidienne: donner une parole encourageante, offrir un sourire compatissant, soulager son compagnon et ses collègues dans les tâches quotidiennes, céder la victoire dans une querelle, éviter de blesser une personne plus faible, pardonner les erreurs d'autrui…

Récemment, j'ai découvert que le « post-partum blues », un syndrome constitué par une irritabilité, une anxiété, une vulnérabilité et des sautes d'humeur qui atteignent de nombreuses femmes après l'accouchement, est très atténué voire inexistant lorsque les mères sont aidées de façon efficace par leur conjoint dans les soins de leur nouveau-né, ainsi que dans les tâches ménagères.

Lorsqu'une personne posa cette question au maître zen Seung Sahn: « Qu'est-ce que l'amour? », il lui répondit: « Tu t'occupes de moi, je m'occupe de toi, c'est ça l'amour ».

C'est tout simplement cela, l'esprit ordinaire dans les tâches ordinaires. Cependant, réalisées avec attention et compassion, elles peuvent nous transformer en des personnes extraordinaires.

86. JALOUSIE

Un des sentiments les plus néfastes, capable de nous tourmenter pour toute une vie, est la jalousie. Peu d'entre nous l'admettent, mais personne n'en est complètement exempt, même si cela varie en intensité.

L'histoire de l'humanité regorge de drames causés par la jalousie, dont la forme la plus extrême peut mener à des actes cruels voire criminels. La Genèse, premier livre de la Bible, relate un fratricide entre Caïn et Abel, où les offrandes de l'un reçoivent plus de faveur divine que celles de l'autre. La mythologie nous offre de nombreux récits sur la jalousie amoureuse: Héra et Zeus, Eros et Psyché, Hélène et Pâris…

Quotidiennement, les faits divers nous exposent des histoires de rivalités et de vengeances qui se terminent tragiquement, laissant derrière elles un nombre incalculable de personnes affectées.

Une étude sociologique a montré qu'une personne se sentira heureuse si elle vit dans un quartier où ses voisins sont moins riches, mais elle se sentira malheureuse si ces derniers sont plus aisés. Cela démontre que notre bien-être est plus lié à notre perception d'avoir plus que les autres qu'à notre richesse réelle.

La jalousie naît de cette comparaison entre soi et autrui. Elle peut occuper complètement notre esprit, obscurcir nos pensées, exciter nos émotions les plus violentes et nous pousser à des actes irréfléchis aux conséquences parfois irréversibles.

Ce que nous appelons souvent « amour » est également source de rivalités et de conflits. Lorsque nous souffrons en amour, c'est souvent à cause de « l'attachement » créé par l'ego, qui génère l'illusion de propriété (« il/elle m'appartient »), suscitant ainsi des rivalités et de la jalousie.

Dans un cheminement spirituel de neutralité, la jalousie peut servir d'étalon pour mesurer la grandeur de notre ego. Plus nous manquons de confiance en nous-mêmes, moins nous nous aimons, et plus nous cherchons à gonfler notre ego pour prouver notre valeur aux autres. Cette comparaison constante alimente la jalousie et conduit à la souffrance.

Il est temps de regarder les blessures que la jalousie a laissées dans notre enfant intérieur et de déposer cette charge mentale pour commencer à guérir et à trouver le bonheur en nous-mêmes.

87. PRIMUM NON NOCERE

Le principe « Primum non nocere! » est une recommandation que tout étudiant en médecine entend dès le début de ses études. C'est un principe en or, essentiel à graver dans l'esprit de tout soignant. Bien que cela puisse sembler simple à première vue, des années de pratique médicale m'ont appris qu'il s'agit d'une directive cruciale, souvent difficile à suivre.

En effet, dans le domaine médical, il est extrêmement délicat de ne pas causer de tort lorsque nous manipulons des outils puissants, comme des médicaments ou des procédures invasives. Prendre des décisions qui pourraient avoir des conséquences graves pour nos patients est une responsabilité écrasante.

Certains peuvent penser qu'une approche médicale douce est la clé pour ne pas nuire. Cependant, négliger un diagnostic sérieux ou une thérapie efficace peut également être préjudiciable et priver les patients d'une chance de guérison.

Ainsi, pour respecter pleinement ce principe, chaque professionnel de la santé doit constamment enrichir ses connaissances médicales, suivre les avancées scientifiques et comprendre l'humain derrière la maladie. Il est essentiel de maintenir une intention fondée sur la compassion plutôt que sur des intérêts personnels.

À un niveau plus global, alors que nous sommes tous en mesure d'apporter un soutien à nos semblables, nous devrions également appliquer ce principe dans nos interactions quotidiennes. Cependant, cela est bien plus complexe. Une bonne intention ne suffit pas si elle n'est pas accompagnée d'une compréhension approfondie de l'humain.

Combien de fois nos bonnes intentions ont-elles malheureusement causé des souffrances? Combien de fois avons-nous involontairement blessé nos proches par nos paroles ou nos actions?

Il est temps de reconnaître que le travail de l'esprit pour éviter de nuire est ardu mais gratifiant. Cela nous aidera à être conscients de nos pensées, paroles et actions, guidés par la compassion envers tous les êtres.

En suivant ce principe, nous éviterons non seulement de causer du tort aux autres, mais également à nous-mêmes, en nous préservant des conséquences des blessures que nous aurions pu infliger par inadvertance.

Primum non nocere, tunc vivere secundum naturam in omnibus, Amor.

D'abord ne pas nuire, puis vivre selon la nature de toute chose, l'Amour.

88. LA DIMENSION SACRÉE DE NOS PAROLES

La parole occupe une place centrale dans les Cinq Mouvements énergétiques, étant liée à l'énergie du Feu. Elle représente la manifestation du Cœur, le siège de l'Esprit qui est en connexion constante avec la nature originelle de toute chose. Dans la spiritualité orientale, la parole revêt donc une dimension sacrée.

La fonction première de la parole est la communication, nous permettant d'exprimer nos désirs, nos besoins, nos intentions envers notre entourage. À un niveau plus profond, elle nous sert à exprimer notre gratitude, nos contentements, mais également notre mal-être, nos souffrances, voire nos appels au secours face à la solitude et la détresse. La parole agit comme une onde, révélant notre être profond à notre entourage, tout comme nos yeux, fenêtres de l'âme.

Cependant, combien de fois avons-nous prononcé des paroles regrettables, blessant profondément autrui, dans des moments de colère, de lassitude ou de désespoir?

Lorsque notre esprit est envahi par les ressentiments, les blessures d'injustice, il a tendance à décharger sur autrui des mots dures, des jugements, des condamnations, des menaces...sans réfléchir à leur impact.

Il arrive également que la peur nous pousse à mentir pour éviter des situations fâcheuses. Nous réagissons comme des enfants qui se protègent avec leurs petits moyens contre d'éventuelles représailles ressenties comme terrifiantes.

Les blessures infligées par des mots peuvent mettre beaucoup de temps à cicatriser, voire jamais, contrairement à des blessures physiques.

Dans mes consultations, j'ai entendu parfois des personnes âgées qui souffrent encore des jugements sévères et injustes de leurs parents datant de 50, 60 ans auparavant!

Parfois, nous trahissons nos propres paroles en révélant des confidences pouvant nuire aux autres, ou en répandant de fausses rumeurs pour blesser, semer la zizanie, obtenir un résultat souhaité, ou encore pour tromper ceux qui nous font confiance.

Si nous prenons le temps de réviser notre conscience, nous réaliserions les dégâts que nous avons causés aux autres, intentionnellement ou par négligence. Nous pourrions également revoir notre vocabulaire, en évitant les termes de mépris, d'orgueil, d'agressivité, de moquerie, de brutalité, d'impolitesse, qui sont comme des fusils chargés à portée de main.

Il est primordial de redonner à la parole sa dimension sacrée, en l'utilisant avec sagesse et compassion pour consoler, aider et encourager. La lumière de nos paroles jaillira si elles sont sincères, modestes et bienveillantes, reflétant ainsi la chaleur du Cœur.

N'oublions pas non plus la puissance du silence, la face Yin de la parole, parfois plus significative que tous les mots possibles.

Comme le disait Confucius: « *Si vous rencontrez une personne qui mérite vos paroles mais vous ne parlez pas, vous perdez la personne. Si vous rencontrez une personne qui ne mérite pas vos paroles mais vous parlez, vous perdez la parole. Un sage ne perd ni la personne, ni la parole* ».

89. CUEILLE L'INSTANT PRÉSENT

Avec la beauté du passé qui y laisse ses empreintes
Ombres et lumières
Joies et peines
Éveil et ignorance
Avec la beauté de ce qui va venir
Fragilité et force
Doutes et espérance
Peur et confiance

Regarde en toi
Tout est là
Derrière moult visages
En mouvement et immuable
Depuis toujours
Pour toujours

En un seul instant
En un seul espace
Ici
et maintenant

90. LE RIRE, LE SOURIRE ET LE FOU RIRE

Hier, un patient que je connais depuis très longtemps est venu en consultation. C'est une personne joyeuse qui aime raconter des blagues. Il me réserve toujours ses meilleures plaisanteries à chacune de nos rencontres, m'obligeant à avoir du répondant. Cette fois-ci, une petite histoire nous a plongés dans un fou rire interminable, jusqu'aux larmes, aux sécrétions nasales et aux douleurs dues aux contractions des muscles abdominaux. Les masques n'y pouvaient rien pour dissimuler nos joies. Nous n'arrivions plus à finir une phrase entière sans éclater de rire au milieu. Je pense que les autres patients devaient nous entendre jusqu'à la salle d'attente.

Je dois vous avouer qu'après cet heureux épisode survenu après une dure journée, je me suis dit: « Ah, ça fait longtemps que je n'ai pas autant ri! Ça fait du bien ».

C'est vrai. Lorsque nous rions, c'est comme si notre cerveau faisait le ménage. Il prend son balai magique et chasse en un instant nos soucis, notre stress, tous nos problèmes et toutes nos autres émotions négatives. Le rire tonifie ainsi notre système immunitaire et nous rend plus forts, plus résistants aux chocs de la vie.

C'est une chose tellement simple que nous oublions souvent. Selon les chercheurs, quand nous étions enfants, nous riions jusqu'à 300 fois par jour, souvent sans raison. À l'âge adulte, nous ne rions plus que 20 fois par jour au maximum! En devenant des « grandes personnes », sérieuses et soucieuses de notre avenir, nous perdons notre innocence et notre joie spontanée. De ce fait, certains professionnels ont développé une thérapie du rire qui se pratique en groupe. Cette dernière est même entrée en milieu hospitalier pour diminuer les douleurs et le stress chez les patients et soignants.

Le rire a une capacité curieuse : elle est contagieuse! Je me rappellerai toujours d'une émission de télévision où Henry Salvador a démontré ce pouvoir: il s'est mis à rire pendant environ une minute et progressivement, tout son entourage l'a suivi jusqu'au fou rire. Je me souviens encore de mon état à ce moment-là, plié en deux…

Ainsi, en ces temps où notre sourire, un « sous-rire » caché par nos masques, peut être invisible, donnons-lui de la voix et des larmes dans les yeux, autant de messages de tendresse, de remèdes contre la sinistrose, la morosité et les ambiances mortifères.

Rions, sourions, fou-rions… sans modération et apportons notre joie au monde!

91. MOURIR, C'EST JUSTE RETOURNER CHEZ SOI

Hier, j'ai eu une conversation enrichissante avec un patient en fin de journée de consultation. C'est un professeur d'université érudit et très humain qui s'intéresse à plusieurs domaines de connaissances, y compris étrangers aux siens. Comme moi, il a été éduqué dans la religion depuis son plus jeune âge, mais tous les concepts religieux qui lui ont été inculqués ne suffisent pas à lui enlever la peur de la mort. Il me demandait mon avis concernant ce grand passage qui semble être terrifiant pour beaucoup de monde. De ce fait, je me suis permis de lui donner mon point de vue personnel en soulignant qu'il ne constitue aucunement une critique envers les religions et les pratiquants.

Essayons d'adopter une vision purement rationnelle, sans croyance aucune. Appelons « A » la quantité totale d'atomes existants sur terre depuis que la vie a commencé à s'y installer. Hormis des petites variations par les quelques poussières d'étoiles et météorites qui atterrissent de temps à autre sur notre planète, « A » pourrait être considéré comme un nombre quasiment invariable. La loi de conservation des masses lors du changement d'état de la matière d'Antoine Lavoisier stipule que « rien ne se perd, rien ne se crée, tout se transforme ». Depuis des millions d'années, la population humaine ne cesse de croître. De 600 millions au début du 18e siècle, nous sommes passés à 7,8 milliards à ce jour. Comme « A » reste invariable, notre développement devrait se faire indiscutablement au détriment d'autres espèces, animales comme végétales.

Si nous marquons un atome pour suivre son déplacement d'un être vivant à un autre depuis la nuit des temps, nous pouvons remarquer qu'il a été présent partout, emprunté puis rendu des milliards et milliards de fois, sans jamais « mourir ». Ainsi, tout notre corps est fait de recyclage permanent, par interaction avec l'ensemble des êtres, sans que rien ne nous appartienne vraiment de façon définitive.

Ça, c'est la partie « hardware », le matériel de notre corps. Qu'en est-il du « software », le logiciel de notre esprit ?

Si nous laissons la croyance en « l'âme individuelle » de côté pour rester rationnel, nous pouvons parler de notre conscience, très développée chez l'être humain. Cependant, de façon objective, nous ne pouvons nier qu'elle est façonnée à partir d'une conscience collective depuis notre enfance, après des années d'éducation et de formatage par les aînés, d'apprentissage de connaissances accumulées par les anciens, d'expériences de vie et d'échanges avec autrui, de déconditionnement et de changements de direction… pour arriver à une illusion d'individualité aujourd'hui.

Ainsi, ce que j'appelle « moi » ou « nous » à cet instant a déjà existé depuis toujours sous des formes différentes, des vies différentes et ne pourra jamais disparaître mais seulement voyager à travers le temps et l'espace.

Après la conversation, nous nous sommes quittés sur un éclat de rire, en pensant mutuellement nous être déjà rencontrés quelque part dans le passé, peut-être pas si lointain, grâce à nos « morts permanentes ». La peur de la mort est ainsi partie en silence.

Mourir, c'est juste retourner chez soi.

Les vagues meurent, jamais l'océan.

92. UNE DES PIRES ÉPREUVES

L'être humain traverse inévitablement de nombreuses épreuves dans sa vie, mais celle qui suscite ses plus grandes craintes est le sentiment de solitude. En effet, il n'est pas programmé pour vivre seul. Pendant la vie intra-utérine, le fœtus, en interaction avec sa mère, reçoit déjà un flux de sensations qui deviendront des traces biologiques de sa mémoire et de ses souvenirs. Il rêve et génère beaucoup d'images avant même de naître, des éléments qui serviront à la construction future de son psychisme.

Après la naissance, il a besoin d'interactions avec le monde qui l'entoure, à travers les contacts visuels et physiques ainsi que les autres sens. Il se sépare des autres et s'individualise, tout en apprenant d'eux et en intégrant leurs influences dans ses propres caractéristiques. La présence des parents est si déterminante que même absents, ils restent enfouis en lui comme des repères qui apaisent ses émotions, le consolent et lui montrent le chemin à suivre.

À l'âge adulte, il reste toujours un « noyau enfant » qui est faible, limité et incomplet. De ce fait, l'anxiété, voire la peur de la solitude, reste présente en lui en permanence.

Il y a quelque temps, j'ai retrouvé les paroles d'une chanson que j'avais écrite vers l'âge de 25 ans, dans un grand moment de détresse:

« Solitude, je te hais, solitude, quand tu me tiens.

Solitude, tu sèmes l'incertitude sur mon chemin.

Solitude, tu pars et tu reviens comme un refrain.

Solitude, maudite solitude,

Je t'en supplie, lâche-moi au moins ce soir ».

La solitude est juste un sentiment, celui d'être incompris au moment où nous avons justement besoin d'aide, de compréhension, d'attention ou d'affection. De ce fait, nous pouvons être entourés tout en nous sentant seuls. Même les plus grands de ce monde ont connu cette sensation de détresse. Avant de mourir sur la croix, Jésus s'écriait « Mon Dieu, mon Dieu, pourquoi m'as-tu abandonné? » (Matthieu 27,46).

En rédigeant ma thèse de doctorat ayant pour thème « À la recherche du profil prédictif du suicidant selon les périodes de la vie », j'avais remarqué que la solitude était particulièrement présente chez la personne âgée qui se donne la mort, pensant que sa vie n'avait plus de sens car elle devient inutile et n'intéresse plus personne.

Mais alors, avons-nous un remède pour lutter contre la solitude? Bien sûr, mais à des niveaux différents!

Au niveau le plus simple, révisons notre comportement vis-à-vis des autres. C'est souvent cela, la cause de notre solitude. Un « moi » gonflé à bloc entraîne souvent un rejet de l'entourage qui préfère éviter des conflits, des reproches, des attitudes agressives, des mots peu aimables… Nous ne pouvons réclamer de l'attention, de l'affection d'autrui sans être nous-mêmes attentionnés et affectueux avec notre entourage. C'est une vérité simple mais souvent oubliée.

À un niveau plus élevé, notre esprit doit tendre vers la plénitude. Cette quête est celle de toute une vie. Une plénitude sous-entend ne plus avoir de questions existentielles à se poser en permanence, comprenant son propre chemin ainsi que les rouages du monde qui nous entoure. La plénitude naît de l'esprit équanime qui accepte les évènements « tels qu'ils sont » avec leurs faces lumineuses et sombres. Elle entraîne une sérénité rapidement retrouvée lors de la traversée des tempêtes de la vie.

Avec une plénitude spirituelle, nous ne nous sentirons jamais seuls car nous sommes en permanence connectés avec l'Univers dans son entièreté.

La solitude deviendra alors juste un sentiment illusoire.

93. DE CAUSES À EFFETS

Aujourd'hui, j'ai accueilli un jeune homme dans un piteux état. Suite à une colère noire survenue il y a deux jours lors d'une dispute, il a donné un violent coup de poing à un mur et s'est fracturé plusieurs os de la main, avec un délabrement cutané et un saignement important. Malgré les différents traitements prescrits, il a beaucoup souffert lors de sa prise en charge en traumatologie.

Dans la spiritualité orientale, on appelle cela le karma, une relation de cause à effet. Personne n'est là pour juger si son acte est bien ou mal. Seules les conséquences sont présentes, dans leur face sombre (douleur) et lumineuse (leçon sur la nécessité de maîtriser ses émotions). Cette histoire est un exemple de karma simple (une cause, un effet).

En réalité, les effets peuvent se produire en chaîne. Lorsque nous regardons les faits divers dans les journaux ou à la télévision, nous pouvons voir qu'une agression ou un meurtre d'une personne entraîne la souffrance de beaucoup de ses proches, parfois pendant très longtemps, voire toute une vie. À une échelle encore plus grande, l'entrée d'un pays en guerre peut créer des conséquences désastreuses pour des centaines de milliers de personnes et leur entourage.

L'humanité et l'ensemble des êtres vivants sont liés par des karmas différents. Lorsqu'une personne est sauvée de la mort ou de la maladie, ses proches sont heureux et soulagés. Quand nous sommes témoins d'une histoire d'amour ou de compassion, des milliers de cœurs peuvent se mettre à fleurir, des lèvres à sourire avec des larmes de joie.

Ainsi, à partir de petites actions, nous pouvons créer un enfer ou un paradis pour nos prochains à cause des réactions qui se succèdent en un long enchaînement karmique. Cette constatation nous éveille sur l'importance de chacune de nos pensées, de nos paroles, chacun de nos gestes. Mettons-y beaucoup de douceur, de bienveillance et d'attention à ne pas blesser. Soulageons-les du poids de notre ego hypertrophié.

Ne pensons ni au « bien » ni au « mal », mais faisons juste ce qu'il y a à faire.

N'ayons pas peur parfois d'être audacieux, comme tenter de faire pousser des fleurs dans le désert, ou pacifier les loups en étant de gentils moutons. Contrairement à ce que beaucoup d'entre nous ont toujours cru, la victoire n'appartient pas aux plus forts ou plus féroces, mais à ceux qui savent toujours créer des karmas favorables.

Aucune porte ne leur sera fermée.

Aucun obstacle ne pourra les arrêter.

94. POURQUOI TANT DE HAINES?

Un jour, une amie sur Facebook a posté ceci sur son mur: « Pourquoi tant de « mal » sur terre, pourquoi tant de monstres? ».

Je suis persuadé qu'un grand nombre d'entre nous se posent également cette question qui mérite réflexion.

Toutes les religions nous fournissent une réponse claire et simple: « Le mal, c'est l'œuvre du diable! » en opposition au « bien » qui vient de Dieu. La liberté de choisir est placée dans le cœur de chaque être humain, à lui de se diriger vers la lumière ou de basculer du côté obscur. Cette réponse satisfait la plupart des gens, bien qu'elle repose uniquement sur la croyance, transmise de génération en génération.

Qu'en est-il dans la spiritualité orientale?

Pour comprendre cela, il nous faut remonter le

temps, au moment où la vie commence à apparaître sur terre, sous forme de bactéries, des microorganismes à une seule cellule. Bien qu'elles n'aient pas encore de noyau, ces archéobactéries possèdent une membrane qui constitue les limites de leur « soi » et les sépare du milieu où elles vivent, considéré comme le « non-soi ». Pour assurer leur survie, elles vont chercher tout ce qui leur est favorable, le « pro-soi », tout en évitant tout ce qui leur est défavorable, l'« anti-soi ».

L'homme arrive sur terre quelques milliards d'années plus tard. Bien qu'il soit un être conscient, doté d'une intelligence supérieure, il garde toujours ce réflexe de conservation du soi, l'instinct de survie, dont le but est de sauver le soldat « ego ».

Dans la spiritualité orientale, cette limite du « soi » est une illusion car aucun être ne peut vivre seul et cloisonné, sans échanger sans cesse avec l'univers tout entier, que ce soit avec le cosmos (soleil, lune entre autres), les autres humains, les animaux, les végétaux et les minéraux. L'illusion du soi est semblable au fait de voir chaque vague comme étant fixe, immuable, différentes les unes des autres par leurs caractéristiques, sans comprendre que toutes les vagues ne sont en fait que les manifestations de l'océan.

De là est née l'ignorance, la source du « pro-soi » et de l'« anti-soi ». Elle crée des visions égotiques, des pensées égotiques, des opinions égotiques qui font que l'humanité croit être son propre ennemi, se jalousant et s'entretuant.

Il n'y a ni mal, ni monstre, juste de l'ignorance.

Il nous suffit de nous éveiller pour comprendre que l'amour se révélera lorsque l'ignorance aura reculé, car il est notre nature originelle.

Amenons la lumière de la sagesse pour éclairer l'obscurité de l'ignorance, et l'amour resplendira.

95. RÉSOLUTIONS

Un jour, une amie sur Facebook a partagé ce mantra :

« L'amour est ma loi

La paix est mon refuge

L'expérience est mon école

La détermination est ma force

L'authenticité est mon pilier

L'humour est mon antidote

La difficulté est mon jalon

La douleur est mon alarme

La sagesse est ma voie »

C'est un très beau texte, indiscutablement, mais encore très lié au « moi » et au « mien ».

Imaginez qu'on enlève les « mon » et les « ma » ..., la devise n'est-elle pas plus apaisante?

« Compassion est règle
Paix est demeure
Expérience est enseignement
Détermination est force
Authenticité est pilier
Humour est antidote
Difficulté est épreuve
Douleur est sentinelle
Sagesse est voie »

Juste en effaçant les frontières qui séparent mon opinion par rapport à celles des autres, le « petit Moi » va se diluer dans la Vacuité et la paix arrive.

96. QU'EST-CE QU'UN PIMENT?

Imaginez que nous devions expliquer ce qu'est un piment à une personne aveugle qui n'en a jamais vu. Nous pourrions utiliser nos connaissances encyclopédiques et lui expliquer que le piment est un fruit de cinq espèces de plantes du genre Capsicum de la famille des Solanacées, utilisé comme condiment ou légume.

Nous pourrions également mentionner que la capsaïcine qu'il contient joue un rôle brûle-graisses intéressant pour limiter les risques d'obésité.

Nous savons que les piments rouges sont plus forts que les piments verts, mais comme nous ne pouvons pas lui expliquer les couleurs, nous nous abstiendrons d'aborder ce détail délicat. À la place, nous lui raconterons l'histoire de ce fruit, en lui apprenant que le piment fait partie de l'alimentation des Amériques depuis au moins 9 500 ans et qu'il est actuellement principalement produit par l'Inde, représentant 38,7 % de la production mondiale.

Pour être plus précis, nous pouvons décrire sa forme, sa consistance ferme comme un poivron, et son goût piquant très puissant qui brûle la langue et la bouche.

Après cela, nous serons satisfaits de lui avoir tout appris du piment. Effectivement, notre interlocuteur sait maintenant beaucoup de choses sur le piment, mais seulement à travers notre récit. C'est sa confiance en nos paroles.

En revanche, si nous lui mettons un piment dans sa main pour qu'il le sente et le goûte, il connaîtra le piment par lui-même. C'est son expérience personnelle vis-à-vis du piment. À ce moment-là, il n'aura plus besoin de croire, car il aura « rencontré » le piment ! Sa croyance devient ainsi inutile.

Il en est de même lorsque nous tentons d'expliquer à autrui ce qui est inexplicable, invisible, non palpable, telle que la notion de Dieu. Nous créons une croyance mais pas une vraie rencontre.

Seule la spiritualité, un cheminement personnel à travers de multiples difficultés avec persévérance et sincérité, pourra permettre à chacun de nous d'expérimenter la réalité ultime, une rencontre qui changera notre vie à jamais.

97. ILLUMINATION

Lorsque j'ai commencé à découvrir le bouddhisme, je lisais beaucoup de contes zen sans en comprendre le sens, surtout ceux qui relatent l'illumination des moines zen.

Voici l'histoire de l'éveil d'une nonne:

Chiyono est une femme simple venant de la campagne. Elle a trouvé refuge dans un couvent de nonnes afin d'y servir et vivre sa vie spirituelle. Désirant plus que tout comprendre l'essence des enseignements, elle alla voir sa supérieure et lui demanda: « Je ne sais ni lire ni tracer les idéogrammes; je ne suis pas douée pour les études et dois tous les jours accomplir tant et tant de tâches ménagères. Pourrais-je, dans ces conditions, comprendre et pratiquer la voie des Bouddhas? ».

Sa supérieure la rassura en lui disant que lorsque

le moment sera venu, tout lui sera révélé soudainement. Un soir de pleine lune, elle descendit à la source pour remplir ses seaux d'eau qu'elle ramena au monastère. Sur le chemin du retour, lorsqu'elle contempla le reflet de la lune dansant sur la surface de l'eau, le fond du seau céda soudainement. L'eau et la lune disparurent aussitôt. Elle atteignit instantanément l'illumination et composa ce poème:

« De bric et de broc, j'ai tenté de rafistoler le vieux seau Et puis le fond a cédé.

Plus d'eau dans le seau.

Plus de lune dans l'eau.

L'esprit devient vide de tout ».

Qu'avait-elle subitement compris? Dans notre vie quotidienne, nous nous attachons à beaucoup de choses, matérielles ou immatérielles, telles que les enseignements, les symboles, les traditions, les croyances, les idéologies… Elles nous rassurent par leur présence, si bien que nous comptons sur elles pour nous sentir en sécurité et avons tellement peur de les perdre: « Que deviendrais-je si je n'avais plus d'argent, plus d'amour, de respect d'autrui, plus de renommée, plus de famille, de communauté, plus de capacité, de beauté, de santé, plus d'espoir, plus de foi… » Toutes ces choses sont comme les reflets dorés de la lune sur la surface de l'eau, si beaux et paisibles. Quelle chance pour nous de les posséder en ce moment.

Un jour arrivera le moment où le fond du seau cède sous le poids de l'eau, entraînant avec lui tous nos précieux attachements. Pour la plupart d'entre nous, c'est la catastrophe, la grande perte, le néant de sa vie.

Cependant, pour ceux qui cheminent dans la recherche spirituelle, ce moment peut être celui de leur illumination. Effectivement, le reflet de la lune a disparu avec l'eau, mais il nous suffit de lever les yeux pour contempler la vraie lune, de regarder autour de nous pour voir sa lumière dans chaque arbre, sur chaque feuille, sur chaque pierre, et de nous rendre compte que nous marchons depuis toujours sous son éclairage. Seule l'illusion s'en va, laissant place à la splendeur de la réalité que nos yeux aveugles n'avaient pas vue jusqu'alors.

L'illumination n'a rien d'extraordinaire.

C'est juste un éveil et une acceptation de l'abandon de tous les concepts qui encombrent l'esprit.

Nous pourrions alors voyager librement entre ciel et terre.

98. LE DIEU DE SPINOZA

L'historien Simon Veille, dans un article écrit pour Le Monde des religions[1], relate une anecdote sur Einstein, le célèbre physicien juif connu du monde entier pour sa théorie de la relativité avec sa fameuse formule $E = MC^2$:

« Lorsqu'on lui demande s'il croit en Dieu, Einstein répond: Je crois au Dieu de Spinoza, qui se révèle dans l'harmonie de tout ce qui existe mais non en un Dieu qui se préoccuperait du destin et des actes des êtres humains. »

---

1 https://www.franceculture.fr/religion-et-spiritualite/god-letter-la-lettre-exceptionnelle-dalbert-einstein-sur-dieu-et-la-religion-juive

Baruch Spinoza, philosophe néerlandais du 17e siècle, a entretenu une relation critique avec les positions traditionnelles des religions monothéistes telles que le judaïsme, le christianisme et l'islam.

Dans son œuvre philosophique « Ethica » rédigée en latin entre 1661 et 1675, publiée à sa mort en 1677 et interdite l'année suivante, il écrivait:

« Je ne sais pas si Dieu a réellement parlé mais s'il le faisait, voici ce que je crois qu'il dirait au croyant:

Arrête de prier et de te frapper la poitrine!

Ce que je veux que tu fasses, c'est que tu sortes dans le monde pour profiter de ta vie.

Je veux que tu t'amuses, que tu chantes, que tu t'instruises... que tu profites de tout ce que j'ai fait pour toi.

Arrête d'aller dans ces temples sombres et froids que tu as construits toi-même et dont tu dis que c'est ma maison!

Ma maison est dans les montagnes, dans les bois, les rivières, les lacs.

C'est là où je vis avec toi et que j'exprime mon amour pour toi.

Arrête de m'accuser de ta vie misérable,

Je ne t'ai jamais dit qu'il y avait quelque chose de mal en toi, que tu étais un pécheur, que ta sexualité ou ta joie étaient une mauvaise chose!

Alors ne me blâme pas pour tout ce qu'ils t'ont dit de croire.

Arrête de ressasser des lectures sacrées qui n'ont rien à voir avec moi.

Si tu ne peux pas me lire à l'aube, dans un paysage, dans le regard de ton ami, de ta femme, de ton homme, dans les yeux de ton fils...Tu ne me trouveras pas dans un livre!

Arrête de te faire peur.

Je ne te juge pas, je ne te critique pas, je ne rentre pas en colère et je ne punis pas.

Je suis pur amour... je t'ai rempli de passions, de limitations, de plaisirs, de sentiments, de besoins, d'incohérences...et je t'ai donné le libre arbitre...

Comment puis-je te blâmer si tu réponds à quelque chose que j'ai mis en toi?

Comment puis-je te punir d'être ce que tu es, si je suis celui qui t'a fait?

Tu penses réellement que je pourrais créer un endroit pour brûler tous mes enfants qui se comportent mal, pour le reste de l'éternité?

Quel genre de Dieu peut faire ça?

Si j'étais ainsi, je ne mériterais pas d'être respecté.

Si je voulais juste être vénéré, je n'aurais peuplé la terre que de chiens.

Respecte tes semblables et ne fais pas ce que tu ne veux pas pour toi.

Tout ce que je te demande, c'est que tu fasses attention à ta vie, que ton libre arbitre soit ton guide.

Toi et la nature vous constituez une seule entité, alors ne crois pas que tu as un pouvoir sur elle.

Tu fais partie d'elle.

Prends-soin d'elle et elle prendra soin de toi. J'y ai mis et rendu accessible tout ce qu'il y a de bien pour toi et j'ai rendu difficile d'accès ce qui ne l'est pas.

Ne mets pas ton génie à y chercher ce qui est mauvais pour cet équilibre.

A toi de garder intact cet équilibre.

La nature elle, sait très bien le garder, juste ne la trouble pas!

Je t'ai rendu absolument libre.

Tu es absolument libre de créer dans ta vie un paradis ou un enfer.

Je ne peux pas te dire s'il y a quelque chose après cette vie, mais je peux te donner un conseil,

Arrête de croire en moi de cette façon,

Croire, c'est supposer, deviner, imaginer.

Je ne veux pas que tu croies en moi, je veux que tu me sentes en toi.

Que tu me sentes en toi quand tu t'occupes de tes moutons, quand tu abordes ta petite fille, quand tu caresses ton chien, quand tu te baignes dans la rivière...

Exprime ta joie et habitue-toi à prendre juste ce dont tu as besoin!

La seule chose sûre, c'est que tu es là, que tu es vivant, que ce monde est plein de merveilles...et que dans toutes ces merveilles tu es capable de savoir exactement ce dont tu as vraiment besoin.

Ne me cherche pas en dehors,
Tu ne me trouveras pas....
Je suis là... La nature,
Le cosmos... C'est moi. »

Les idées de Spinoza s'éloignent de la théologie occidentale pour rejoindre la cosmologie orientale.

Comme quoi, les grands penseurs spirituels se rejoignent tous au même sommet, après des années passées à gravir différents chemins montagneux.

99. COMPLIQUÉ MAIS SIMPLE ET VICE VERSA

Le langage zen est souvent obscur et contradictoire pour les non-initiés, mais lorsque la compréhension arrive soudainement, la lumière qui jaillit est souvent aveuglante et rend la vue. Voici une petite histoire qui illustre ces propos:

En Chine, à l'époque de la Dynastie Tang, vivait un grand érudit du nom de Ly. La légende dit qu'il a lu plus de dix mille ouvrages, ce qui lui valut le surnom de « M. Ly aux dix mille livres ». Un jour, il alla consulter un maître zen et lui posa la question suivante: « Le soutra de Vimalakirti [un célèbre soutra bouddhiste] dit que le mont Meru peut contenir un grain de moutarde et qu'un grain de moutarde peut contenir le mont Meru. Je voudrais bien croire la première affirmation, mais la deuxième est invraisemblable. Comment un petit grain de moutarde peut-il contenir tout le mont Meru? »

Le maître lui répondit: « Il me semble qu'on vous appelle « Mr Ly aux dix mille livres ». Comment votre petit crâne pourrait-il contenir dix mille livres? »

Le grand problème de notre époque est que nous ne pouvons voir que des choses peu subtiles, « grossières » et évidentes, qui suivent une logique simple que tout le monde peut accepter. Dès qu'il s'agit d'un domaine plus subtil, échappant à nos raisonnements cartésiens et à notre compréhension, nous sommes prêts à crier « c'est trop flou! », voire « au fou! ».

Cependant, le domaine de la spiritualité est subtil. Il se situe bien au-delà de la croyance et de la non-croyance, sujets fréquents de débats stériles. Lorsque nous sommes dans la croyance, nous faisons confiance aveuglément à ce qu'on nous a appris sans jamais douter. La vraie foi, c'est remettre en cause toute croyance et expérimenter soi-même par un cheminement intérieur patient et sincère. Cette quête nous amènera vers un éveil, une illumination qui nous mettra face-à-face avec l'ultime réalité. À ce moment-là, la croyance devient inutile, puisque nous devenons Un avec elle.

Un jour, une personne m'a confié: « J'ai passé

ma vie à chercher Dieu et je ne le trouve toujours pas! ». Je lui ai répondu: « Ah, cela est comme cette énigme zen, compliquée mais simple en même temps. C'est juste un problème mathématique à réfléchir. Vous avez la foi, donc vous pensez sûrement: "je suis en Dieu". Mais dans vos prières, vous pensez également "Dieu est en moi". Si A est inclus dans B et en même temps B est inclus dans A, que pouvez-vous en déduire? »

Si vous n'y comprenez rien, ce n'est pas grave. Lorsque le printemps arrivera, l'herbe poussera d'elle-même.

100. L'ULTIME VÉRITÉ

Un jeune moine demanda à son maître:
- Maître, quelle est l'ultime vérité?
- Va demander à l'arbre dans le jardin, il te l'enseignera!

Ce matin, il fait un temps magnifique. Dans mon jardin, la nature continue à s'embellir, à se parer des vêtements bariolés de couleurs éclatantes. Les abeilles butinent tranquillement les fleurs du prunier, les pattes chargées de pollen, sous un soleil doux et bienveillant. Elles sont si insouciantes. Rien de bien particulier ne se passe dans leur monde. C'est encore un printemps comme tant d'autres.

Pendant ce temps, à cause de la pandémie, des humains meurent par dizaines de milliers dans tous les coins du globe. L'avenir lumineux cède la place à l'obscurité qui s'étend progressivement chaque jour, laissant sur son passage tant de souffrances et de désolations. Il suffit d'allumer la télévision pour voir le contraste saisissant entre le monde humain et celui de tous les autres êtres vivants.

Il n'y a pas si longtemps, c'était l'inverse. C'est comme si les hommes et la nature extra-humaine vivaient dans des univers parallèles, complètement insouciants les uns des autres.

Ainsi, je suis allé voir l'arbre dans le jardin pour lui poser la question sur l'ultime vérité. En guise de réponse, il m'a invité à effectuer un long voyage vers le passé, 3,5 milliards d'années en arrière, où nos deux univers n'étaient pas encore séparés l'un de l'autre, où nous étions tous deux des êtres à une seule cellule. Encore quelques milliards d'années en arrière, nous n'existions tous deux, lui et moi, que sous forme de poussières d'étoiles.

Franchissant le seuil du Big Bang, le point de départ de l'apparition de notre univers, nous pénétrons dans une vacuité immobile qu'aucun mot, aucun concept ne pourraient décrire, étant apparus bien plus tard.

Et là, dans un silence foudroyant, l'arbre me murmura à l'oreille: « Là, c'est nous, l'ultime vérité! ».

101. DESCENTE AUX ENFERS

Une des anecdotes les plus marquantes concernant le maître zen Seung Sahn est racontée par l'un de ses proches disciples. Un jour, le maître et ses élèves les plus éveillés partirent visiter Las Vegas. En se promenant dans les rues, ils constatèrent que leur maître avait soudainement disparu. Ce dernier réapparut parmi eux avec des mains remplies de jetons pour machines à sous.

Il en distribua à chacun un bon nombre en leur disant: « Allez jouer au casino, amusez-vous! ». Ses disciples restèrent pantois en se demandant si leur maître était subitement devenu fou en leur demandant de briser des préceptes de la vie monastique. Seung Sahn leur expliqua: « Vous savez bien que ces lieux peuvent être l'enfer pour ceux qui ne parviennent pas à en ressortir. Si vous voulez les aider, il faut que vous acceptiez de descendre aux enfers pour voir et comprendre leurs raisons. Alors, allez jouer! ».

Ainsi, il y a quelques années, j'avais passé quelques heures en soirée à jouer dans un casino de Las Vegas (et fini par perdre tous mes jetons). J'avais remarqué l'attitude hagarde d'une dame, scotchée sur sa chaise à une heure du matin devant une machine à sous qui promettait aux joueurs un jackpot d'un million de dollars. À chaque fois que sa main appuyait machinalement sur le bouton, cinq dollars partaient en fumée. Mais dans ses yeux, il n'y avait plus aucune réaction, comme s'il n'y avait plus rien à perdre, à moins qu'un miracle ne survienne. En un peu plus d'un quart d'heure, un millier de dollars s'était envolé mais elle continuait à jouer. Il y a de grande chance qu'elle soit ruinée et en souffrance pour les années à venir.

J'étais là, à cet endroit et à ce moment-là, pour assister à l'enfer de l'addiction et à son immense pouvoir.

Ainsi, plus nous cherchons à comprendre profondément le cœur de l'être humain avec ses souffrances, plus nous ouvrons le nôtre vers la tolérance et la compassion pour tous les êtres, sans jugement ni condamnation aucune.

Voir et se confronter à la souffrance des autres nous permet de mûrir et de laisser partir beaucoup d'illusions par ignorance. Cheminer avec autrui ne signifie nullement porter toutes ses souffrances ni se complaire avec lui dans ses vices. Il s'agit simplement d'être présent dans les moments clefs de sa vie, entre ses paradis et ses enfers.

Soyons sans crainte. L'amour se situe au-delà de tous les préceptes. Avec compassion et une sagesse sans ego, nous ne serons exposés à aucun danger, jusqu'à la fin de notre voyage.

102. C'ÉTAIT MIEUX AVANT!

«C'est la décadence, les enfants n'obéissent plus, le langage s'abîme, les mœurs s'avachissent…».

« La jeunesse d'aujourd'hui est pourrie jusqu'aux tréfonds, mauvaise, irréligieuse et paresseuse. Elle ne sera jamais comme la jeunesse du passé et sera incapable de préserver notre civilisation ».

« Je n'ai plus aucun espoir en l'avenir de notre pays si les jeunes d'aujourd'hui doivent être les dirigeants de demain, car ils sont insupportables, inconscients voire effrayants. Si l'avenir de notre peuple est entre les mains de la jeunesse frivole d'aujourd'hui, il y a de quoi désespérer. Cette jeunesse se conduit avec une suffisance vraiment intolérable. Elle croit avoir la science infuse. Quand moi j'étais jeune, on nous apprenait les bonnes manières et le respect que l'on doit à ses parents. Mais la nouvelle génération n'a de cesse de contester et elle veut avoir raison. Il est un fait certain que les jeunes sont d'une extrême insouciance. »

Contrairement à ce que vous pourriez penser, ce ne sont pas des articles de presse actuels ni les paroles d'une quelconque célébrité contemporaine.

La première citation est d'Ipuwer de Gizeh, un sage de l'Égypte pharaonique qui a vécu 3000 ans avant l'ère chrétienne. Elle est citée par Polybe, historien grec vivant vers 200-120 ans avant JC. La seconde a été trouvée sur une tablette d'argile babylonienne dont l'âge est estimé à plus de 3000 ans. La dernière est extraite de l'ouvrage « Les travaux et les jours d'Hésiode » de Thèbes, un poète grec ayant vécu au milieu du 8e siècle avant JC.

Nous pouvons constater que depuis la nuit des temps, chaque génération a toujours tendance à considérer la sienne comme référence et à traiter avec dédain les générations futures, accusées d'être laxistes, irrespectueuses et décadentes, donc de détruire l'avenir.

J'entends très souvent des personnes se plaindre: « De mon temps, ce n'était pas comme ça… » ou « C'était mieux avant… ».

Cependant, si nous regardons de façon objective l'histoire de l'humanité avec des périodes sombres qu'elle a traversées, qui d'entre nous aimerait revenir au moyen âge, aux temps obscurs où la loi était strictement entre les mains des plus forts qui détenaient tous les pouvoirs, au temps de l'esclavage, des guerres mondiales avec extermination des innocents, au temps des interdits sans raison valable qui ont brisé des vies ?

Avec le développement des médias, des réseaux sociaux, les vices qui étaient cachés auparavant derrière les tabous se sont révélés et montrent que les anciens ne sont guère meilleurs que la génération actuelle. Comparé au passé, bien que notre monde soit loin d'être parfait, il évolue dans le bon sens, vers le réveil des consciences, l'égalité entre les hommes, la gestion des rapports de force pour créer un monde plus paisible, plus juste. Et cela, grâce aux jeunes générations qui continuent à améliorer en permanence l'héritage laissé par les anciens.

Leurs tâches ne sont pas des plus faciles. Depuis 1950, la population mondiale a plus que triplé, passant de 2,5 milliards à 7,8 milliards. Sans un réveil sur la surconsommation, les ressources de la terre seront bientôt insuffisantes pour tous. La pollution de l'environnement est un autre problème de taille, dont l'eau potable est devenue une question de survie dans de nombreux coins du monde. Les guerres d'idéologie continuent à faire souffrir des millions d'êtres humains, qui ne rêvent que de pouvoir vivre libres.

Peut-être pensez-vous que je suis trop optimiste, mais je crois beaucoup en la jeunesse des générations futures. Je suis sûr qu'ils sauront œuvrer pour un monde plus juste, plus libre, plus propre.

Pour rien au monde, je ne retournerais vivre dans le passé. D'ailleurs, je viens juste de détruire les plans de ma DeLorean, la machine à voyager dans le temps.

103. LA BONNE QUESTION À SE POSER

L'homme est un animal évolué. Comme tout être vivant, il a des besoins élémentaires. Cependant, il est doté d'une conscience, d'une intelligence et d'une sagesse, ce qui lui permet d'évoluer dans la bonne direction vers la réalisation de soi.

Le psychologue Abraham Maslow a classé par ordre de priorité les besoins de l'homme dans une pyramide qui comprend cinq niveaux:

– Les besoins physiologiques se trouvent à la base de la pyramide: respirer, s'alimenter, se reposer, dormir, éliminer, avoir une activité neuromusculaire et sexuelle.

– Une fois ces besoins satisfaits, l'homme accède au niveau deux de la pyramide, celui des besoins psychologiques: se sentir en sécurité, trouver une stabilité familiale et professionnelle, accéder à la propriété.

– Les besoins sociaux de l'individu appartiennent au niveau trois: sentiment d'appartenance (à une famille, un groupe d'amis, à la société, etc.), besoins affectifs: être reconnu, estimé et aimé des autres.

– Au niveau quatre de la pyramide, l'homme travaille son mental et vise l'estime de soi. Il a besoin de s'accepter, d'être utile et indépendant. Il explore différents domaines de connaissances, scientifiques et artistiques.

– Le sommet de la pyramide, le niveau cinq, est celui de la réalisation de soi. Par ses expériences passées, l'homme acquiert maturité et sagesse. Il se tourne vers autrui pour partager son accomplissement spirituel, sa réalisation. Il devient enfin ce qu'il « est ».

La vie est construite de choix successifs. À chacun de ses carrefours, nous devons décider quelle sera la nouvelle direction à prendre. Certains d'entre nous ne quitteront jamais les premiers étages de la pyramide et continueront à amasser même si leurs besoins sont largement comblés.

D'autres viseront les étages supérieurs en enrichissant leur vie culturelle et spirituelle. Imaginez que le sommet, celui qui représente la réalisation de soi, est la cime d'une montagne.

Pour y accéder, nous pouvons suivre plusieurs chemins différents. Il y a des grandes routes empruntées par le plus grand nombre car faciles d'accès, elles ne demandent pas d'effort particulier. D'autres sentiers sont beaucoup plus étroits. Certains versants sont abrupts et verglacés, mais ils mènent directement au sommet. Il n'existe pas de chemin universel. Chaque voyageur devra créer le sien. Cependant, seules certaines directions nous amèneront vers le bonheur, telle que la voie de la sagesse et de la compassion, où chaque humain œuvre pour le bonheur d'autrui.

Ainsi, posons-nous chaque jour cette unique bonne question: « Suis-je heureux(se) / épanoui(e)? ». Si la réponse est positive, continuons notre route. Dans le cas contraire, une révision des priorités s'impose.

Notre bonheur se construit petit à petit à travers des choix successifs qui ne sont jamais parfaitement judicieux ou totalement erronés.

De ce fait, ils subliment nos vies en un art infiniment difficile.

104. ÉQUILIBRE

L'organisme humain a la fabuleuse capacité de maintenir l'homéostasie de façon automatique. Dès qu'une constante biologique ou un état physiologique sort de sa zone de normalité, il va rétablir rapidement l'équilibre grâce aux variations des hormones et neuromédiateurs.

Cependant, l'activité mentale de l'esprit humain est si tortueuse et incessante qu'elle crée des émotions incontrôlables qui entravent régulièrement cette fragile harmonie.

Avec l'anxiété, la tristesse, la peur, notre cerveau fonctionne au ralenti. Lorsque la dépression dure longtemps, la taille même du cerveau se réduit par la raréfaction des neurones, avec une nette diminution des connexions neuronales. Notre perte d'équilibre devient visible dans notre quotidien: l'appétit s'en va. Nous mangeons pour remplir un vide existentiel plus que pour nourrir notre corps. L'insomnie s'installe. Nous ne récupérons plus pendant notre sommeil, devenons somnolents et fatigués dans la journée.

La colère chasse la sérénité et laisse place à une agitation mentale, voire une surexcitation dans les paroles et les gestes.

La frustration aggrave le vide existentiel et appelle à l'addiction pour combler le déséquilibre. Nous nous jetons avec dévotion sur l'alcool, le tabac, les drogues, les achats compulsifs, les plaisirs des sens... Des déséquilibres importants amènent à une dégradation du corps, une diminution des défenses et font le lit des maladies.

Aussi, nous devons être vigilants et garder au mieux notre mental en équilibre, afin de vivre le plus longtemps possible dans le bonheur.

Selon la physiologie de la médecine traditionnelle chinoise, nous pouvons suivre les cinq mouvements énergétiques pour maintenir notre équilibre:

- Avec le mouvement Bois, gardons la clairvoyance sur notre chemin de vie et préparons nos projets avec intelligence, patience. Acceptons chaque moment comme la meilleure configuration possible, qu'elle soit lumineuse ou obscure.

- Avec le mouvement Feu, entretenons la joie dans notre cœur et n'hésitons pas à en faire profiter notre entourage afin de maintenir l'optimisme ambiant en toute circonstance. Gardons-nous en même temps de chercher le plaisir à tout prix.

- Avec le mouvement Terre, partageons nos ressources avec autrui lorsque c'est possible afin de rétablir un monde plus juste: connaissances, sagesse, compassion, aide, consolation, soutien…

- Avec le mouvement Métal, n'arrêtons jamais d'apprendre, de nous cultiver pour élever notre vision à des niveaux plus hauts, permettant une plus grande tolérance par une meilleure compréhension de l'être humain. N'oublions pas non plus des moments de méditation en pleine conscience pour revenir vers notre essence originelle.

- Avec le mouvement Eau, forgeons la volonté de ne jamais nous décourager devant des échecs, des épreuves parfois terrifiantes de la vie, de toujours nous relever après une chute et avancer dans la sérénité et la confiance.

Tout sportif nous le confirmera: savoir garder l'équilibre est un travail de longue haleine, avec des heures et des heures d'entraînement. Il en est de même pour l'équilibre de l'esprit. Une sérénité durable ne peut être obtenue qu'avec un cheminement spirituel épanouissant pendant des années, voire des décennies.

Il n'est jamais trop tard.

C'est maintenant le moment de sublimer notre art de vivre.

105. PATIENCE INFINIE

Si vous avez l'occasion de prendre un café « filtre » au Vietnam, vous saurez qu'il s'agit presque d'un art. Le café moulu est tassé entre deux mini filtres-passoires. L'eau chaude est versée par-dessus et le café coule goutte-à-goutte dans le verre. On pourrait imaginer la goutte d'eau venir au contact du café, s'imprégner de sa saveur puis s'unir avec lui pour devenir café avant de tomber dans le verre.

Tout cela nécessite du temps, parfois beaucoup de temps, ce qui implique de la patience.

Le fromager et le vigneron l'ont compris depuis longtemps. Il faut des mois voire des années pour que le lait devienne un bon fromage et le raisin un bon vin, sans parler de toutes les conditions idéales nécessaires pour que la transformation se fasse. La lenteur, la patience… sont la face Yin de chaque réalisation. Elle est souvent invisible mais est toujours présente derrière ce qui est visible à l'extérieur, la face Yang: excellence, rapidité, efficacité, performance.

En effet, contrairement à l'argent, les connaissances ne peuvent être acquises en un jour. Il nous faut des années d'efforts, de répétitions, de révisions, d'ajustements, d'expériences, donc de volonté et de patience avant que le savoir devienne nôtre.

Il en est de même pour la sagesse qui doit naître lentement sur une longue histoire personnelle avec des expériences douloureuses du passé qui servent de terreau pour l'éveil, une détermination dépassant la peur, une sincérité du cœur et un entraînement sans relâche de l'esprit.

Dans l'histoire du zen, lorsque le cinquième patriarche Hong Ren a remis son bol et sa tunique, symboles du passage du pouvoir, au futur sixième patriarche Hui Neng après avoir confirmé son illumination, il lui a recommandé de ne pas enseigner pendant les 5 années suivantes. Bien que l'éveil soit là, il faut encore du temps pour l'éprouver, l'expérimenter, le confronter aux différentes épreuves de la vie quotidienne, afin que ses enseignements soient issus réellement de sa propre compréhension et non de ce qui lui a été inculqué.

Pourtant, il nous arrive très souvent de vouloir manger un fruit encore vert puis de grimacer de dégoût, ou de vouloir forcer un résultat puis d'être déçu lorsqu'il est décevant.

Soyons patients. Comme l'eau qui se transforme

en café, le lait en fromage ou le raisin en vin, ce temps Yin de retrait, de préparation n'est pas du tout inutile, bien au contraire. Il constitue les fondations de ce que nous serons dans le futur, solides ou bancales.

Notre vie est un art et tout art nécessite du temps.

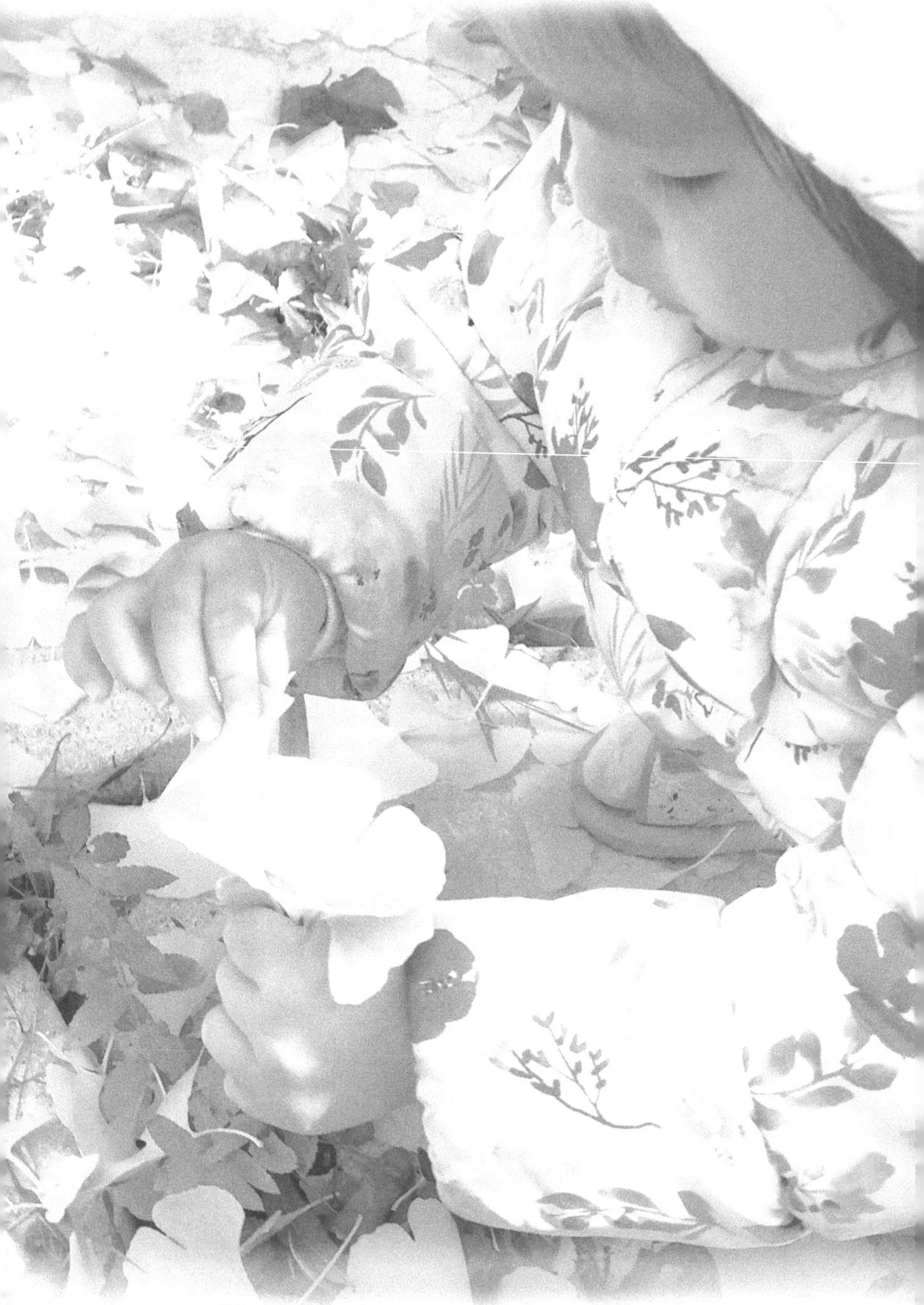

106. LETTRE À MA FILLE

Ma chérie d'amour,
Au moment où j'écris ces lignes, tu n'as que deux ans. Un jour, tu deviendras une femme et géreras ta vie toute seule sans moi. Je profite du temps avant que ce jour n'arrive pour partager avec toi quelques expériences de vie, dont certaines m'ont coûté des années de jeunesse et parfois bien plus.

Cela ne te préserveras pas des mêmes erreurs, puisque ta vie doit se baser sur tes propres expériences et non sur l'entière croyance en mes enseignements. Néanmoins, le jour où cela arrivera, tu pourras peut-être te consoler en te disant que ton père avait vécu la même chose et qu'il s'en était bien sorti, donc pas de panique!

Avec l'instruction que tu as reçue, je ne doute pas que tu vas réussir professionnellement et devenir une femme intelligente et instruite. Cependant, tout cela ne sera pas suffisant pour te rendre heureuse.

Lorsque tu évolueras dans le monde des gens instruits et intelligents, tu remarqueras que la différence entre eux ne se verra que sur leur intelligence du cœur, mais c'est une différence fondamentale!

Sache la reconnaître à travers leurs comportements vis-à-vis de leur entourage: s'ils ont le même respect face à une personnalité importante, un chef ou un agent de service voire un enfant, tu peux y voir un signe d'une belle personne.

L'intelligence du cœur se manifeste dans les paroles qui sont compassionnelles, modérées et justes, les promesses toujours tenues, les actions sans vantardise, se mettant en avant pour recueillir les éloges, mais réellement bonnes et altruistes.

Évite les relations toxiques qui génèrent disputes et conflits perpétuels. Elles peuvent t'éloigner de ta nature aimante et t'entraîner dans des guerres inutiles et destructrices. Prends ton temps pour apprécier la personne qui sera ton compagnon de route pour une longue durée.

Accorde une grande importance à ta réalisation personnelle, car elle va te rendre heureuse pour toujours, malgré les hauts et les bas que tu vas rencontrer dans ta vie.

Abstiens-toi de juger autrui mais efforce-toi seulement à t'améliorer chaque jour. Tes paroles et tes actions doivent toujours provenir d'une bonne intention pour éviter de provoquer des souffrances évitables autour de toi.

Apprends à te suffire à toi-même, non seulement financièrement, mais surtout sentimentalement. Ne laisse pas ton bonheur dans les mains de quiconque. Tu es la seule personne qui peut te rendre heureuse ou malheureuse. Ton indépendance est précieuse et doit être préservée à tout prix.

Sois forte sans écraser personne ni devenir orgueilleuse, persuasive sans vouloir gagner à tout prix par la raison car parfois, garder les sentiments et une relation sont beaucoup plus précieux.

Garde toujours l'esprit équanime devant les réussites et les échecs. Utilise tes expériences douloureuses pour progresser, et non pour régresser. Sois une bonne jardinière qui sait obtenir un beau jardin en transformant le fumier en fleurs.

Enfin, fait confiance à ton karma. Tout ce qui t'arrive est le meilleur. Peut-être que tu ne le vois pas pour l'instant, mais tu le comprendras dans l'avenir.

Garde toujours la voie du boddhisattva, le chemin de la compassion et deviens une lumière qui éclaire et une source de chaleur qui réconforte.

Par ta réalisation, je resterai en toi, partout et toujours.

Et n'oublie jamais d'être heureuse!

Ton père qui t'aime

AVANT LE DÉPART

Avant de fermer ce livre et cheminer vers l'éveil, je souhaite à toutes et à tous de réussir

À transformer notre monde extérieur aussi beau que notre monde intérieur,

À transformer notre monde intérieur aussi beau que celui de nos rêves et

À charger nos rêves d'amour et de compassion pour tous les êtres.

Hiver 2020